Gabriele von Arnim wurde 1946 in Hamburg geboren. Sie hat studiert, promoviert und zehn Jahre als freie Journalistin in New York gelebt. Danach schrieb sie u.a. für die ZEIT und die SÜDDEUTSCHE, den BR und WDR und arbeitete als Moderatorin für ARTE, den SDR/SWR und das SRF. Sie schreibt Rezensionen für Zeitungen und Hörfunk, moderiert Lesungen, hat mehrere Bücher veröffentlicht und lebt in Berlin.

Ein Schlaganfall, zehn Tage später der zweite haben ihren Mann aus allem herauskatapultiert, was er bis dahin gelebt hatte. Und aus ihr wird die Frau des Kranken. Der nicht deutlich sprechen, nicht gehen, nicht lesen, nicht schreiben kann – aber nach wie vor wasserhell denkt. Zutiefst eingekerkert in sich, ausgeschlossen von der Welt, die er bisher so großräumig bewohnt hat. Ein zerstörter Mensch, ein Bär ohne Wildnis.

Und sie sitzt ratlos zusammen mit der Vergangenheit und der Zukunft auf der schmalen Bank namens Jetzt. Wie lebt man Krankheit? Zehn Jahre lang haben die beiden gekämpft, gelitten, gewütet und sich gegenseitig mit neuer Innigkeit kennengelernt. Gabriele von Arnim beschreibt in diesem literarischen Text, wie schmal der Grat ist zwischen Fürsorge und Übergriffigkeit, Zuwendung und Herrschsucht.

GABRIELE VON ARNIM

Das Leben ist ein vorübergehender Zustand

ROWOHLT
TASCHENBUCH VERLAG

9. Auflage Juli 2026

Veröffentlicht im Rowohlt Taschenbuch Verlag,
Rowohlt Verlag GmbH, Kirchenallee 19,
20099 Hamburg, Mai 2023

Covergestaltung zero-media.net, München,
nach einem Entwuf von Anzinger und Rasp, München
Satz aus der Janson bei CPI books GmbH, Leck
Druck und Bindung GGP Media GmbH, Pößneck
ISBN 978-3-499-00634-0

Kontaktadresse nach EU-Produktsicherheitsverordnung:
produktsicherheit@rowohlt.de

Für ihn

«Von jeher beschäftigt mich der Gedanke, dass die Zukunft auf uns wartet. Dass sie Geschehnisse, Zwischenfälle, Todesarten für uns bereithält, von denen wir nichts wissen, die aber schon da sind und nur noch eintreten müssen.»

Anne Weber, ‹Ahnen. Ein Zeitreisetagebuch›

Prolog

Er weiss alles und kann es glänzend wie eh und je formulieren. Nur versteht ihn kaum jemand. Nicht sein Sprach-, sondern das Artikulationszentrum ist getroffen. Er findet die richtigen Worte, aber sie klingen wie geplatzte Knallerbsen. Und dann liegen die Sätze herum, und man muss versuchen, sie aufzusammeln, sie zu entziffern, um ihm endlich antworten zu können. So sehnsüchtig wartet er auf Antworten. So sehr sucht er, braucht er ein Gespräch. Er ist doch nach wie vor ein Mensch. Ein Mensch, der schnell denken, aber nicht verständlich sprechen und nicht gehen, nicht lesen und nicht schreiben kann.

Gefangen. Zerstört. Eingesperrt.

Zehn Jahre lang.

In seiner frühen Jugend war er Hochleistungssportler gewesen und hatte sogar einmal gegen den sechzehnmaligen Deutschen Meister im Hürdenlauf, Martin Lauer, gewonnen. Er liebte es, das zu erzählen. Allerdings, grinste er dann mitten in der Geschichte, müsse er zugeben, dass Lauer mit eingegipstem Arm gelaufen sei.

Er war immer noch sportlich, als es geschah. Spielte leidenschaftlich Tennis, fuhr Fahrrad, brauchte Bewegung. Aber nach dem ersten Schlaganfall – einem blutigen – bleibt er halbseitig gelähmt und kann nie wieder gehen; nach dem zweiten – einem Infarkt im Kleinhirn – kann er, der privat wie beruflich ein so glänzender Redner war, nie wieder so sprechen, dass andere gleich enträtseln können, was er sagt. Man braucht Phantasie, Übung und Empathie, um seine Silben zu Worten zusammenzusetzen, Sätze herauszuhören. Muss geduldig wie eine Mutter mit ihrem gacksenden Kleinkind die Ohren spitzen, um Sinn zu finden in dem, was aus seinem Mund kommt.

Ich verstehe alles, sagt er oft, ich bin nicht debil, wenn er das Zögern der Menschen bemerkt, die hilflos seinem scheinbaren Gebrabbel lauschen.

Debil ist er keineswegs. Sein lästernder, schneller Verstand ist geblieben. Aber eingekerkert in seinem Körper, weil sein Reden für andere kaum zu verstehen und für ihn kaum zu ertragen ist. Es ist nicht seine Stimme, die da spricht. Der sonore Kammerton, in den ich mich einst verliebt hatte, dieses tiefe, rau-erotisch lockende Timbre, mit dem er mich alle paar Stunden aus vielen Telefonzellen der Stadt anrief, in der wir uns auf einem Abendessen kennengelernt hatten. Dieser Stimme war ich von New York nach Washington nachgereist, um mir den Mann, der dazugehörte, noch einmal genauer anzusehen.

Jetzt ist es ein leicht atemlos krächzendes Gewürge, ein heiseres Raspeln. Die Worte müssen einer trägen

Zunge, einem halbgelähmten Gaumenzäpfchen abgerungen werden. Er hasst seine Stimme. Das Reden quält ihn. Und er hat doch immer so gern und überall gesprochen. Jetzt schleudert er jedes Wort wie ein Wurfgeschoss mit der Kraft des ganzen Körpers in die Luft.

Wie hält man das aus, wie hält man so ein Leben aus? In dem man alles hört, alles begreift, alles reflektiert und doch fast ohne Gegenüber bleibt, im Abseits sitzt, nicht dazugehört, weil kaum einer die Geduld und die Fähigkeit hat, die Sorgfalt, um zu verstehen, was man sagt.

Wie überfüllt ist es in einem Kopf, in den alles hineingesteckt wird und kaum etwas nach außen dringen kann, der immer nur konsumiert. Sein Beruf war die Mitteilung gewesen. Sein Fluch nach den Schlaganfällen war das Verstummen.

Wie geht es einem, wenn alles eng wird, der Körper zum Gefängnis, aus dem man nicht fliehen kann, und wenn die Gedanken fast nur noch gut sind zur Selbstunterhaltung. Wie kann man ertragen, wenn das, was in einem lebt, fast nur noch im Kopf stattfindet. Wie hält man diese Verlassenheit aus. Abgewiesen vom Leben, in dem man doch noch ist, vorhanden und verschwunden zugleich. Weil man mitten im Leben wegzusterben beginnt.

Bisher war eines meiner Urbilder der Einsamkeit der Mann, der mit den Fliegen spricht, den der amerikanische Schriftsteller John Cheever in seinem Roman ‹Der Wapshot Skandal› beschreibt. Der Mann ist Bote einer chemischen Reinigung und lebt allein, trist, verlassen.

Abends ist er froh, wenn er Fliegen in seiner Küche hat, die er nicht verscheucht, weil er ihre Gesellschaft braucht.

Wir sind ganz allein, sagt er, ihr seht gut aus, Fliegen.

Und isst nach diesem Kompliment schweigend sein Abendbrot zu Ende.

Jetzt denke ich an ihn, wenn ich Einsamkeit denke. Er hatte Besuch. Er hatte eine hingebungsvolle und witzige Pflegerin, die ihn alsbald gut verstand. Er hatte mich. Aber er konnte nie mehr mit Freunden oder gar öffentlich palavern, keine Witze erzählen, nicht diskutieren – und hatte doch genau davon, vom Reden, Kommentieren, Disputieren immer gelebt. Er konnte ja nicht einmal fliehen in die körperliche Anstrengung, nicht laufen im Park, nicht dem Ball hinterherjagen auf dem Tennisplatz, nicht aufs Rad. Er konnte nicht fliehen in ein Buch. Er konnte nicht lesen. Er brauchte ständige Aufmerksamkeit, Pflege, Therapien. Er musste gewaschen und gesalbt, an- und ausgezogen, in den Rollstuhl gesetzt und unterhalten werden.

Er war ausgeliefert. Hatte keine Privatsphäre mehr. Der Mensch lebt auch von dem, was er für sich behält, in dem Raum, der nur ihm gehört. Immer wieder wurden Grenzen überschritten – von Ärzten, Pflegern, Therapeuten, von mir. Zehn Jahre lang sah ich seine Verzweiflung, seine zunehmende Einsamkeit, die Resignation.

Schau mich doch an, hat er gerufen, geschrien hat er es, schau mich doch an. Dieses Gesicht, die Stimme, der Körper. Das bin doch nicht ich.

Manche seiner Freunde haben geweint, als sie ihn, diesen anderen, diesen zerbrochenen Mann, zum ersten Mal sahen. Ich war zornig. Wie konnten sie ihm ihre Tränen antun.

Andere wollten sich das ersparen und blieben weg.

Wie ist es, mit wachem Geist hinter Mauern zu sein? Eingeschlossen im Gehäuse seines halbgelähmten Leibes. Selbst jetzt, wenn ich versuche zu sagen, wie es war, wie es gewesen sein könnte für ihn, schweife ich ab, weil mich die Bilder martern. Weil hier etwas geschah, was nicht hätte geschehen dürfen. Ich sehe hilfesuchend aus dem Fenster – vielleicht sollte ich einen kleinen Spaziergang machen, die Straße hinuntergehen, links abbiegen und beim Bäcker einen Kaffee bestellen, mich hinsetzen und ihn trinken. Die Zeitung lesen an dem kleinen Tisch. Zehn Jahre lang konnte er den Gedanken nicht einmal zulassen in seinem Kopf. Er konnte ja nicht einmal aufstehen, um ins Bad zu gehen, konnte nicht sein Zimmer verlassen, konnte sich kein Buch aus dem Regal holen und es lesen, keine CD einlegen und sie hören, sich keinen Apfel in der Küche schälen und ihn sich schneiden, kein Glas Wein eingießen und zum Käsebrot trinken, das er sich nicht machen konnte. Er konnte sich keinen Pullover aus dem Schrank holen, wenn ihm kalt war, keinen Freund anrufen, wenn er reden wollte, er konnte nicht einmal E-Mails schreiben.

Eine Hand war gelähmt, und die andere wackelte, trudelte wie ein angeschossenes Flugzeug über jedem Buchstaben. Er konnte noch immer schnell denken.

Und ertrug es nicht, langsam zu schreiben. Für jeden Buchstaben fast eine Minute auf der Tastatur zu brauchen.

Wohin mit den Gedanken? Die immer nur im eigenen Kopf herumfliegen. Wohin mit diesem Gefühl, ausgeliefert zu sein. Wohin ist er entflohen.

Ein gefällter Mann. Ein Bär ohne Wildnis.

Manchmal dachte ich, er müsse bersten mit all der Kraft, die sich aufgestaut hatte in ihm. Mit all dem Wissen und Witz, mit all der Wut und Zärtlichkeit müsse er zerspringen wie ein Glas im Eis. Mit all der Einsamkeit, wenn ihn wieder keiner verstand, der Not, mit so vielen Gedanken in sich bleiben zu müssen. Oder bei mir. Er hat gebuhlt um mich und mich verjagt, hat mich mit Leidenschaft geliebt und mit glühendem Zorn attackiert.

Immer wieder, ich wiederhole mich, ich weiß, aber es drängt mich, mich immer noch einmal zu befragen, noch einmal zu versuchen mir vorzustellen, wie es sich angefühlt haben könnte in ihm. Ich glaube, es war Esther Kinsky, die einmal gesagt hat, wenn man übersetze, müsse man sich bis zur Erschöpfung in den Text vertiefen, bis man in eine Trance gerate und dann in dem anderen sei und nicht mehr in sich selbst.

Ich bin feige gewesen, bin es bis heute. Gehe den Weg nicht bis zum Ende, sondern renne davon, wie ich immer wieder davongerannt bin, zurück zu mir, in meinen Zustand. Ich konnte sprechen, gehen, schreiben, lesen. Was für eine Gnade. Und doch bin ich fast zerbrochen an dem, was man gemeinhin Schicksal nennt. Ein Wort, das ich nie besonders mochte. Es schien mir zu aufgeladen, zu dramatisch, zu göttergläubig, zu beliebig. Aber auf einmal bekam es einen anderen Klang, da die mythische Unentrinnbarkeit gewöhnliche Wirklichkeit wurde. Da der Zumutung nur mit Demut zu begegnen war. Und mit Phantasie. Da dem großen Fatum nur kleine Handlungsspielräume abzuringen waren, die es zu gestalten galt.

Was ist Schicksal, was ist selbstbestimmtes Leben, hat einmal einer einen weisen Guru gefragt. Stell dich auf ein Bein, hat der geantwortet, und nun ziehe das andere hoch.

Es war schwer genug, auf einem Bein zu stehen.

Als er stirbt, schreibt mir ein Handwerker, der ihn oft gesehen hat: Ich habe vom Tod Ihres Mannes gehört. Das müssen wir ihm jetzt gönnen.

1. KAPITEL

Der Tod

Er ist gegangen
Ausgerechnet im Frühling

Der Tod, schreibt Octavio Paz, sei für einen Pariser, einen New Yorker oder Londoner «ein Wort, das man vermeidet, weil es die Lippen verbrennt». Der Mexikaner dagegen suche den Tod, «streichelt, foppt, feiert ihn, schläft mit ihm». Der Tod sei sein Lieblingsspielzeug und seine treueste Geliebte, der man sich nur willig hingeben könne.

Welch beseligende Verlockung. Eine zärtliche Todeserwartung, ein sinnenfreudiger Geliebter, den man trotz der geahnten Gefahr – oder gerade deswegen – freudig begrüßt, ihn begehrlich umschlingt und geschmeidig empfängt. Das welke und immer noch sündige Fleisch wehrt sich und will doch zugleich, bäumt sich auf und unterwirft sich, gibt sich dem sinistren Geflüster des Gevatters zerrinnend hin. Ein rauschhaft entrücktes Vergehen. Ekstase im letzten Akt. Der kleine Tod im Liebesspiel, der große Tod im letzten Atemzug, noch einmal ein matt lechzendes «Nimm mich», entkräftet gekeucht im wilden Sturz vom Hier ins Dort. Man könnte ihn sich fast herbeiwünschen, diesen letzten Liebhaber des eigenen Leibes.

Wenn du mich töten willst, dann mit Küssen, sagt man in Mexiko. In diesem Land gewöhnt man sich schnell daran, zu leben mit dem Tod, mit eleganten Gerippen, mit weißem Gebein und Totenköpfen – die Augen in leeren Höhlen, der Mund ein lippenlos starkes Gebiss –, mit klappernden weißen Oberschenkel- und Schienbeinknochen, zarten Fußknöchelchen. Man schlendert durch die Straße und sieht auf einem Balkon ein hölzernes Skelett sich ausruhen, im Buchladen hängt ein Klappergerüst von der Decke, von den murales, den Wandmalereien, winken knöcherne Hände in bleicher Freundlichkeit herüber. Überall verblüffend laszive Leblosigkeit. Überall Totenkult und hautlose Schädel. Auf jedem Markt gibt es die Köpfe zu kaufen. Sie sind aus Gips oder Ton und meist in schreienden Farben bemalt. Manchmal haben sie Glitzersteine als Augen und funkeln scheinbar vergnügt. Mexikaner haben ein so mystisches wie sinnliches Verhältnis zum Tod. Sie picknicken und singen auf Gräbern, schäkern mit La Catrina, der vielleicht berühmtesten Frau des Landes, der man begegnet auf der Straße, in der Lobby des Hotels, in dem man abgestiegen ist, oder in dem Restaurant, das nach ihr benannt ist, und in dem sie schaurig schön von der Wand lächelt. Es gibt Poster, Zeichnungen und unzählige Gemälde von dieser Totenfrau, die kokett mit uns liebäugelt – als wäre das Totsein viel amüsanter als das fade Leben. Meist bauschig angezogen, mit Rüschen am Mieder, farbenfroh bestickt der Rock, auffällig geschminkt und mit wilden Hüten auf dem Kopf, steht sie vor Boutiquen und wirbt für Klamotten und Weiblichkeit oder ruht mit schrillen Freunden auf einer Bank im Eisladen. Manchmal residiert sie in kleinen bunten Glaskästen, die man sich zu Hause ins Regal stellen kann.

Zunächst fotografiert man das alles noch als Kuriosum. Lächelt so amüsiert wie ahnungslos ob der Exotik. Bis man zu begreifen beginnt, dass das Gezeigte auch mit einem selbst zu tun hat, mit der unausweichlichen Nähe zwischen dem Jetzt und dem Dann, zwischen dem noch fleischumwogten blutdurchpulsten eigenen Körper und dem künftig glattgenagten Gebein. Man grinst ein wenig unbeholfen, zwickt sich genüsslich in die warme Haut, streicht sanft triumphierend mit der Hand den nackten Arm entlang, spürt die lebendige Textur – ha, noch lebe ich.

Als ich eines Morgens im Haus einer mexikanischen Freundin – gerade am Abend zuvor dort angekommen – dem unwiderstehlichen Duft frisch gebrühten Kaffees folgte, fand ich sie in der Küche sitzend auf einem rot gemusterten Sofa. In der einen Hand hielt sie den Kaffeebecher, in der anderen das Feuilleton der Zeitung. Den Wirtschaftsteil hatte sie dem Skelett aufs Knie gelegt, das neben ihr saß. Ich erschrak. Ihr Mann war vor wenigen Jahren gestorben. Bilder erschienen in meinem Kopf von einer Recherche, die ich einmal gemacht hatte übers Museum of Natural History in New York und dort in Dutzende von Kisten im Kühlraum hatte spähen dürfen, in denen Zehntausende von Würmern das Fleisch von toten Affen oder Schakalen nagten und säuberlich weiße Knochen freilegten.

Sie sah und las wohl mein banges Gesicht. Nimm dir einen Kaffee, sagte sie, herzlich willkommen in Mexiko.

Das Skelett neben meiner Freundin war natürlich nicht aus abgenagten Knochen, sondern aus geschnitztem Holz. Meine Phantasie war aber auch deshalb so aufgerüttelt, weil ich nie wage mir vorzustellen, wie er jetzt aussieht, dort unten, tief in der Grube in seinem vielleicht längst verrotteten Sarg. Manchmal bin ich an seinem Grab, pflanze mit Hingabe Lavendel, Levkojen und Rosmarin, um nicht daran denken zu müssen, wie es wohl unter der Erde zugeht. Dort, wo die Würmer sein Fleisch genießen.

Heute ist sein fünfter Todestag, und ich habe mich fast genau zur Stunde seines Sterbens einem Mann in die Arme geworfen. Ich wollte Haut, Hände, warme Lebendigkeit. Wollte leidenschaftliche Auslöschung, Kraft, Gegenwart, Begehren. Mich im Leben vergewissern.

Schon wieder schreibe ich mir, was ich nicht lebe. Dabei wird es Zeit, endlich all das zu tun, was sich vielleicht nicht gehört. Wer weiß, wie viele Jahre ich noch habe, bevor ich neben ihm liege und auch mein Körper Futter sein wird und Dünger für den guten Friedhofs-Humus. (Man sollte sich übrigens das Quecksilber aus den Zahnfüllungen herausnehmen lassen, um die Erde nicht zu vergiften.) Vielleicht kann ich ja auch als La

Catrina weiterleben und in meinem Lieblingslokal im Glaskasten auf dem Tresen stehen.

Nein, ich habe mich niemandem in die Arme geworfen, sondern bin mit einem Tee in mein Zimmer gegangen und habe mich den Erinnerungen überlassen. In sein Zimmer konnte ich nicht gehen. Dort wohnt längst eine junge Frau, die schon am frühen Morgen Stimmübungen gemacht und geträllert hat.

In seiner Todesstunde war hier eine große Ruhe. Auch in mir. Ich hatte noch am Tag zuvor eine Sendung im Radio gemacht. Seine Palliativärztin – so hat sie es mir später erzählt – hatte am Straßenrand gehalten, um mir zuzuhören. Sie glaubte nicht, dass ich das flüssige Reden schaffen würde. Ich habe es geschafft – und bin nicht stolz darauf.

An diesem Morgen hatte ich in seinem Zimmer Musik angestellt. Cellosuiten von Bach. Er hatte in den Tagen und Wochen zuvor nur Klarheit ertragen. Und Heiterkeit. Ich durfte ihm nur Joachim Ringelnatz vorlesen. Alles andere wehrte er ab, blieb gefangen in einer nervös bebenden Verwirrung. Vielleicht würde Bach ihn ja auch in seinem Morphiumschlaf erreichen, in dem er nun lag. Ich hatte mir einen Tee gemacht und mich müde an sein Bett gesetzt. Er schlief. Atmete gleichmäßig. Zwischen uns Stille, eine sanfte Stille und darin eine überraschende Harmonie, ein Einklang zwischen ihm und mir. Was im Leben so oft gefehlt hatte, schien uns im Sterben zu gelingen. So könnte es noch ein paar Tage bleiben, dachte ich. So könnten wir Abschied nehmen voneinander. Ich schaute in einen graublauen Frühlingshimmel, über den dicke weiße Wolken zogen, und trank – durch meine Mattigkeit besänftigt – in großer Ruhe den heißen Tee.

Wir hatten das Ende des Weges erreicht. Er würde sterben. Zu Hause. Wie ich es ihm versprochen hatte. Der Weg war lang, der Kampf war hart gewesen. Jetzt war es gut. Es war gut, dass es jetzt geschehen würde. Er konnte und wollte nicht mehr leben – seit Tagen schon hatte er nichts gegessen und nichts getrunken, keine Medizin geschluckt, hatte mir jeden Löffel aus der Hand geschlagen, mit dem ich ihn füttern wollte. Ich war vorbereitet und gefasst – und vollkommen fassungslos, als es geschah, als er einen sehr tiefen und langen, zitternd wehrlosen Atemzug tat und … und jetzt ich den Atem anhielt und lauschte, mein Ohr auf sein Herz legte, seinen Puls mit meinen Fingern suchte. Ihn rief. Nicht jetzt, noch nicht, bitte nicht, lass mich jetzt nicht allein, bleib noch ein wenig, bleib noch. Ich redete, als wäre er ein Gast, den ich bäte, doch noch ein letztes Glas mit mir zu trinken und erst dann nach Hause zu gehen.

Aber er ist gegangen. Ausgerechnet im Frühling. Wenn alles treibt und keimt, wenn die Knospen prall sind, wenn das Leben erwacht. Ob es leichter ist, sich im Herbst zu verabschieden? Wenn ohnehin alles verblüht, vergeht und erschlafft. Dem Tod ist die Jahreszeit egal. Er schlägt zu, wenn es ihm passt. Nimmt sich, wen er will. Jetzt hatte er ihn genommen.

Es war nicht das Morphium, in dem er schlief. Es war der Tod, in dem er verschwand. Gekommen in dem Moment des zarten Einklangs zwischen uns. Er hatte also gewartet auf mich, um mit mir an seiner Seite zu sterben. Um mir die letzte Nähe zu schenken, die es geben würde zwischen uns. Wie oft hatte ich ihm in den letzten Wochen zugeflüstert, dass er nicht für mich leben müsse, dass er seinen Weg gehen solle. Nun hatte er es getan. Er ging. Ich blieb. Das Bleiben so unausweichlich wie das Gehen.

Ich habe das Fenster geöffnet – die Vögel sangen, wie sie auch heute gesungen haben, sie feiern das Leben, dachte ich – und habe Stunden auf und neben ihm gelegen, auf diesem Körper, den ich einst geliebt hatte, und der noch im Diesseits zu atmen schien, während er ins Jenseits hinüberging. Es war sein Körper – noch warm und weich, noch nicht nur Leiche, noch fühlbar er – im Übergang, im Abschied, auf dem Heimflug. Wie gern hat er den Witz erzählt:

Kommt ein Mann in eine Kneipe, in der man Geburtstag feiert. Der Manne wird fünfzig, sagt der Wirt und zapft dem neuen Gast ein Bier, der sein Glas hebt, dem Jubilar zuprostet und hinüberruft: Biste auch schon aufm Heimflug.

Nach zwei Schlaganfällen, mehreren Lungenentzündungen und Thrombosen, nach Lungenembolien, einem Luftröhrenschnitt, einem wochenlangen Koma, einem Tracheostoma im Hals, einer PEG-Sonde im Magen, einem Dekubitus, der so lange unbeobachtet bleibt, bis er nahe am Knochen ist und fast zu einer tödlichen Sepsis führt, nach einem Krankenhauskeim, der ihn in der übelriechenden Rehaklinik noch mehr isoliert in seinem

Zimmer, das man über Monate nur mit Kittel, Handschuhen, Mundschutz und Haube betreten darf, nach Krankenschwestern, die nicht wissen, wie man mit einem Sauerstoffgerät umgeht, nach Ärzten (es gab auch phantastische), die sich nicht eingelesen haben in seine Akte und ihm falsche Mittel geben oder den Mann, dessen Lebensfaden ohnehin schon zerschlissen ist, mit einer radikalen Entleerung für eine Magen-Darm-Spiegelung malträtieren, die gar nicht er, sondern ein Patient im Nachbarzimmer bekommen soll; nach siebenundvierzig Tagen auf der Intensivstation, gut vier Monaten in der Rehaklinik und neuneinhalb Jahren als Pflegefall zu Hause, hat er sich traurig auf den Heimflug gemacht.

Und ich blieb zerfleddert zurück. Zurück sagt man, als habe man die Abfahrt verpasst. Als sei der Tod das Ziel und das Leben die Wartehalle. Was ja letztlich auch so ist. Blieb zurück als eine Ehefrau ohne Mann, eine Pflegerin ohne Patient, eine Witwe ohne Aufgabe. Wie lebt man ohne Sorgen, Druck, Angst, existenzielle Herausforderungen. Wie geht es einem als jemand, der nicht mehr gebraucht wird. Eine Figur wie ein auseinandergerissenes Puzzle, dessen einzelne Teile zusammengefügt werden müssten. Nur wie? Was für ein Bild könnte entstehen? Wer war ich denn? In den letzten Jahren und davor. Wer bin ich vor der Krankheit gewesen, wer in ihr, und wer bin ich jetzt, und wer könnte ich sein in einer unbestimmten Zukunft.

Wie immer in Zeiten der Hilf- und Ratlosigkeit der erste Schritt: still sitzen und blicklos glotzen. Dann lesen, schreiben, arbeiten. Blumen einbuddeln oder in Vasen stellen, radeln, Blättern im Wind zuschauen, mit den Wolken am Himmel wandern, Gymnastik machen (manchmal), die Schläfen mit aurum lavandula einreiben, Haare waschen, Make-up auflegen, Lippen anmalen – ich möchte nicht in den Spiegel schauen und eine Person entdecken, die so aussieht, wie ich mich fühle –, Schokolade essen (leider), sich anlehnen an die wenigen engen Freunde, die man hat, Kerzen in der Wandfarbe des Arbeitszimmers kaufen, Hunden beim Spielen zusehen, neidisch auf Kinder schauen, die hemmungslos und lauthals in die Welt plärren, Albträume aufschreiben.

Zum Beispiel den:

> Ich muss durch ein Rohr kriechen. Durch viele Rohre. Vor jeder Etappe gibt es eine Lautsprecheransage. Die letzte warnt vor irgendetwas, aber wir – wer immer die anderen sind – kriechen trotzdem weiter. Vor mir Leute, hinter mir Leute. Kein Entkommen. Ich im Rohr. Panikzittern. Aber ich krieche weiter. Muss es tun. Erst als ich im Traum aufwache, erreicht mich die Information oder das Gerücht, dass einem am Ende der Rinne, wenn man meint, endlich das Licht, die Luft erreicht zu haben und sich aus dem Rohr schiebt, der Kopf vom Hals gehackt werde.

Oder diesen:

> Ein schwarz gekleideter Mann mit einem schwarzen Hund an einer schwarzen Leine kommt auf mich zu, jagt seinen Hund auf mich, der mich beißt, sich so hineinbeißt in mich, in meine Hand oder mein Bein, dass ich laut aufschreie vor Schmerz, und in dem Moment fliegt mir eine Zecke in den offenen Mund. Ich weiß, dass sie mich von innen zerstören wird. Das Ziel ist erreicht, der Zweck erfüllt. Mann und Hund lassen von mir ab und gehen davon.

Sie müssen lernen, sagt meine Ärztin, die Zecken auszuspucken.

Oder den:

> Zwei sehr große, schwere Hunde liegen auf mir und zerfleischen sich. Packen einander an der Gurgel, schnappen nach den Flanken. Es kann nur noch Sekunden dauern, bis sie nicht mehr nur sich, sondern auch mich zerbeißen und zerreißen.

Ich wache schreiend auf.

Da ist man dann schon lieber wach. Wartet auf den Sonnenaufgang. Der aber, wenn er aprikosen- oder honigfarben schön ist, so weh tut, dass man dem Tag verbieten möchte, aus der Nacht herauszutreten. Also lieber Wolken und Nieselregen. Die eigene Traurigkeit in die

Tristesse des Wetters einbetten. Hochwichtige Fragen stellen. Was ist das Leben. Was ist der Mensch. Mensch bin ich auch, aber wie? Und keine Antworten haben. Also kleinere Fragen stellen: Koche ich mir heute was, oder gehe ich zum Indonesier.

Einmal besucht mich eine Amsel. Hockt lange sinnend auf meinem Balkon. Vielleicht wartet sie darauf, dass ich gehe, damit sie endlich an meinen Pflanzen zupfen und Material für ihren Nestbau sammeln kann. Während ich sie betrachte, frage ich mich, ob ich mich ihr überlegen fühle. Sie Vogel, ich Mensch. Und es fällt mir kein gutes Argument dafür ein.

Ich übe Gegenwart. Und denke an den wunderbaren Satz von dem Schriftsteller Peter Kurzeck: «Die Gegenwart, das ist doch nicht einfach bloß jetzt.» Ich übe, auf einem Stuhl in der Sonne zu sitzen, ohne Telefon, ohne Zeitung, ohne Laptop, nur mit einer Tasse Tee. Ich habe Zeit. Und habe vergessen, was das ist: Zeit haben. Was für ein irrtümlicher Ausdruck. Als könne man Zeit haben, besitzen. Man kann sich doch nur einfügen in das, was wir Zeit nennen. Und schauen, was man macht mit sich in ihr. Will ich sie schnell füllen, um die Trauer zu vertreiben? Oder sie aushalten? Zeit aushalten. Nichts weiß ich. Nur, dass ich am Ende bin und am Anfang. Am Ende meiner Kraft und am Anfang von – ja, was nur? Wohin mit der Nervosität, der Angst. Vielleicht in die Welt verlagern? Ins Außen? Dort geschieht wahrlich genug, um beunruhigt zu sein. Aber dafür müsste ich aus meinem Kokon kriechen. Geht nicht. Noch nicht.

Eine Freundin, die ihren Mann verloren hat, hat ein Jahr lang auf ein und demselben Stuhl an ein und demselben Fenster gesessen und draußen nichts gesehen.

Wenn das Telefon klingelt, schaue ich immer erst, wer dran ist. Es gibt Menschen, die sich so hörbar anstrengen, den «richtigen», den empathischen Trauerton zu treffen, dass ich ihnen nicht zuhören möchte.

Wenn ich mich wahrnehme, dann als eine Irrende im Nebelmoor der Gefühle. Lange erzähle ich mir, jetzt sei es wirklich an der Zeit, mich hinzusetzen und zu schreiben, weil ich vielleicht dann anfangen könnte, irgendetwas von diesen zehn Jahren zu begreifen.

Du kannst dich nur schreibend gegen das Leben wehren, hat einmal eine Freundin gesagt in der Zeit, als er krank war. Ich würde mich so gern mit Leben gegen das Leben wehren, habe ich damals gemurmelt. Denke aber an David Grossman, der ein so leidenschaftliches wie inniges Buch geschrieben hat über den Tod und über die Trauer, der das «Land der Verdammung» abgeschritten, das Exil ausgelotet hat, in dem die Trauernden sich unvermutet wiederfinden, fern vom Leben der anderen. Denn nur, wenn er schreibe, hat Grossman gesagt, könne er hoffen, sein Leben zu verstehen.

2. KAPITEL

Wie es erzählen

Liebste Freundin,

Erzähl es, hast Du gesagt, als wir uns vor Wochen das letzte Mal sahen und unter tiefhängenden Wolkenkissen spazieren gingen am Lietzensee. Und seither frage ich mich, was ist «es». Und erschrecke. Es scheint mir zu viel zu stecken in dem kleinen Wort. Zwei Buchstaben nur. Meist nicht einmal einen Zentimeter breit und wiegt doch nur ein paar Gramm. Ich sehe eine Feuerwerksrakete, die an Silvester mit einem glühenden Punkt in die Höhe schießt und als tausendfacher Sternenstaub zur Erde rieselt. Nur ist mein «es» kein Glitzerstaub. Es ist ein Füllhorn an Kümmernis und Widrigkeiten. Wo soll ich denn da bitte hineingreifen und etwas herausziehen. Wie beim Julklapp? Und dann das Geschenk auspacken?

«Wir erzählen uns Geschichten, um zu leben», schrieb Joan Didion 1968 in dem Band ‹Das weiße Album›, mit dem sie sich etablierte als eine eigenwillige Stimme im Protestchor der amerikanischen Intellektuellen. Mehr als vierzig Jahre später erzählt die achtundsiebzigjährige Didion Geschichten, um zu überleben – oder vielleicht sollte man richtiger sagen: um das Überleben zu ertragen. Sie hat kurz hintereinander ihren Mann und ihre Tochter verloren. Nun schreibt sie an gegen das Vergessen und gegen die Erinnerung, gegen den Tod und gegen die Angst. Sie ist krank, sie wird alt, sie ist allein. Sie wird immer dünner, immer weniger, immer unsicherer. Es bleibt nur noch die Ehrlichkeit. Das schonungslose Konstatieren der Heimsuchung durch das Leben in seiner Vergänglichkeit. Die Schriftstellerin Antje Rávic Strubel, die seit Jahren Joan Didion übersetzt und verehrt, hat sie einmal eine «Wirklichkeitssezierererin» genannt.

Wir erzählen uns Geschichten, um zu leben. Wir brauchen Geschichten, um das Leben zu verstehen. Vielleicht ist ja auch das, was ich Dir erzählen soll, eine Geschichte.

Erzähl es, hast Du gesagt, erzähl, wie es war und was es gemacht hat mit euch, was es gemacht hat mit dir. Wenn ich «es» erzählen soll, muss ich also auch mich erzählen. In aller Diskretion die Hosen runterlassen. Mich zeigen. Denn Du möchtest wissen, wie man lebt in Krisenzeiten, wer man wird, wen man entdeckt in sich, wo man die Kraft und Geduld herholt, die man braucht, und wo es hapert in einem, wo man versagt, wo man zerbricht und dringend Leim braucht, um sich wieder zusammenzusetzen. Welcher Leim klebt am besten?

Die Krisen haben uns gejagt, wie Mücken es tun auf der Suche nach Blut. Immer wieder mussten wir dem

Tod davonrennen. Findet man in solchen Zeiten noch die Ruhe, sich zu besinnen, sich zu bedenken, sich zu ändern? Oder wird man besinnungslos? Wie existiert man im Haifischmaul des Lebens, das jeden Moment zuschnappen kann.

Das soll ich Dir erzählen.

Wie geht man um mit der Angst, der fiesen Gefährtin. Wie schafft man die Balance, in der Krankheit zu sein und im Leben zu bleiben. Wie verändert sich das Leben, wenn ein Berserker, der nur eines immer wollte: seine Unabhängigkeit, plötzlich komplett abhängig wird. Wie schmal ist der Grat zwischen Fürsorge und Übergriffigkeit, wann wird aus Zuwendung Herrschsucht, wann enden Rettungsversuche in demütigender Herabwürdigung. Wann wird Aufopferung erbarmungslos. Wie liebt und hütet man einen Mann, der an dem Tag zusammenbricht, an dem man ihm gesagt hat, man könne nicht mehr leben mit ihm. Was tun, wenn das blöde Schicksal sich zweimal auf dieselben stürzt. Wenn auch sie krank wird, und es immer schwieriger wird, nicht zu hadern. Wie verändert sich das Verhältnis zu anderen Menschen, wie lernt man, sich nicht kränken zu lassen, wenn einige, die sich einst Freunde nannten, aus Angst vor Krankheit und Schwäche wegbleiben. Wie klaffen Wirklichkeit und Wahrnehmung in einem solchen Leben auseinander.

Wie idyllisch, das Foto, auf dem Du mit rotem Sonnenhut durchs hohe Savannengras zu Deinem Schreib-Platz gehst. Aber ich frage mich natürlich: Gibt es dort

Schlangen? Immer wittert sie Gefahr, wirst Du jetzt denken, wenn Du diese Zeilen liest. Und hast ja recht. Alle unheilvollen Begebnisse der letzten Jahre schlummern in mir und lauern nur darauf, geweckt zu werden und als schwarzgefiederte Raben flatternd durch mein Herz zu streichen. Dein Hut hat genau das Rot der beiden schlanken Säulen vor Deiner Schreibhütte, wie schön das aussieht zwischen dem gelben hohen Gras, unter dem milchig blauen Hitzehimmel. Der Trost der Schönheit. Davon wird immer wieder die Rede sein. Dieses kleine komische Glücksgeraune in mir, wenn ich genau die richtige Lampe an den genau richtigen Platz in meiner Wohnung stelle. Dann muss ich immer wieder hinlaufen und gucken und ein bisschen Wonne fühlen. Ästhetische Diktatorin, hat er mich genannt. Als ich kürzlich die Farbe des Löffels, mit dem ich mein Ei essen wollte, nach der Farbe meines Pullovers aussuchte ... Nein, das möchte ich jetzt lieber nicht kommentieren.

Während ich diese Zeilen schreibe, schaue ich auf einen üppigen Tulpenstrauß mit orangenen, roten und weißen Blüten. Die Kelche geöffnet, einige der Stängel wachsen zielstrebig nach oben, andere ranken sich lässig nach unten. Das hat eine betörende Sinnlichkeit. Als rekelten sich die Blumen einem künftigen Glück entgegen und nähern sich doch nur ihrem welkenden Ende. Nur? Sind Schönheit und Vergänglichkeit nicht ohnehin in der Wahrnehmung vereint? Gibt es Lust an der lebendigen Schönheit ohne die Ahnung ihrer flüchtigen Dauer?

Du seist gern dort in Deiner staubgelben und blaugehügelten Wildnis, hast Du geschrieben. Ob es Dir gelingt, die Weite der Landschaft in Deine Texte zu holen? Schon auf den Fotos tut mir Dein Ort gut, an dem Du jetzt bist. Ich sitze in einem grauen Winterregen. In meiner grauen Stadt. Und soll Dir erzählen, wie es war. Mich auf den Weg machen dorthin – und fürchte mich.

Ein bisschen hast Du gedrängt, als wir neulich am Telefon sprachen. Ich solle es angehen. Und so habe ich heute die Holzkiste mit den Kondolenzbriefen hervorgeholt, habe die Briefe sortiert und die Kiste unter fließendem Wasser geschrubbt. Sie soll nicht staubig sein, wenn ich all die Zettel, die vielen großen und kleinen Notizbücher hineinlege, die ich im Laufe der Jahre vollgeschrieben habe. Nur wenn ich schrieb, wenn ich in Worte fasste, was ich erlebte, ließ sich eine Distanz herstellen, gab es Raum zwischen dem Geschehen und mir. Wenn ich über den Wall der Worte spähte auf das, was mir geschah, konnte ich es ruhiger ertragen. Die Worte beschützten mich. Eingehüllt in einen Mantel aus Sätzen und Seiten und Punkten und Ausrufezeichen, fürchtete ich mich weniger. Der Blick auf das Geschehen hat das Geschehen selbst entdramatisiert, aus der Wirklichkeit eine Erzählung gemacht, die ich las und im Moment des Lesens nicht lebte.

Ich habe nun tatsächlich meine handgeschriebenen Tagebücher zusammengetragen und die über all die Jahre in den Laptop getippten Notate ausgedruckt. Hunderte von Seiten. Morgen bringe ich sie zum Binden. Mal sehen, wie lange sie mich dann anstarren werden, ohne dass ich hineinschaue. Wilhelm Genazino hat einen seiner trüben Helden sagen lassen: «Ich litt … unter innerer Bodenlosigkeit.»

«Es» – das war das Sehen und Nichtsehen, das Verstehen und Nichtverstehen dessen, was da geschah. Die kleinste Hoffnung habe ich ergriffen, als sei sie ein Seil und kein Fädchen, und habe meine Kraft darauf vergeudet, das zu verdrängen, was offensichtlich war: Sollte er überleben, dann als schwer versehrter Mann.

«Es» – das war meine Geduld und auch meine Ungeduld. Er musste viel husten wegen der Schluckstörung. Das hat mich nervös gemacht. Die aus den Mundwinkeln rinnende Spucke fand ich oft unappetitlich. Als er wieder ein bisschen selber essen konnte und sich ständig bekleckerte, habe ich auch gereizt reagiert. Wenn er dachte, pinkeln zu müssen, und Angst hatte, zu spät Bescheid zu sagen, und ich immer wieder aufspringen musste, um die Flasche zu holen, habe ich unwillig geächzt.

Ich soll mich hier also der Person stellen, die ich vermutlich war. Ich war nicht, wie ich hätte sein können. Wenn man denn je ist, wie und wer man sein könnte.

Er würde jetzt grinsen und sagen: Schon großes Wollen ist groß.

In einem seiner Romane schreibt Richard Flanagan: «Die Vergangenheit ist immer unvorhersehbar.» The past is always unpredictable. Und wenn sich Beschönigungs- oder Vertuschungsputten mit feisten Backen lächelnd ins Bild drängen? Wenn die trügerische Erinnerung längst die aus mir gemacht hat, die ich gern gewesen wäre? «Deckerinnerung» hat Sigmund Freud den Vorgang genannt, wenn nebensächliche Erinnerungen die existenziellen an den Rand drängen, verdecken. Der Widerstand gegen die heiklen Momente, die bedrängenden Wahrheiten, führt dann zu Erinnerungslücken und -fehlern.

Und so sitze ich hier schräg zusammengeknöpft wie ein falsch angezogener Regenmantel und warte auf die Courage zu lesen, was ich damals aufschrieb. «Wie soll man über Krankheit reden?», hat mal jemand gefragt und sich selbst geantwortet: «Zu viel ist furchtbar. Aber gar nicht wäre schlimmer.»

Wie eine Situation erzählen, wenn ein Mann in seinem Delirium, die Lebensgefahr offenbar spürend, hundertmal und noch viel öfter, immer wieder und wieder sagt: Nicht abbrechen, bitte nicht abbrechen, nicht abbrechen, kein Ende, kein Ende, kein Ende, bitte kein Ende.

«Es» – das war der ständige Angstschmerz, der sich wie eine wässerige Lösung in den ganzen Körper ergoss. Zehn Jahre lang sitzt die Angst mit am Tisch – oder ihre kleinen Cousinen Unruhe, Sorge, Bangigkeit sitzen neben mir auf dem Sofa, am Schreibtisch, stehen mit mir am Herd, liegen mit mir im Bett. Es ist gut, es ist vernünftig, Angst zu haben, aber wenn die Angst uns hat, dann sind wir verloren. Ohne Angst wären wir wohl längst von Kirchtürmen gestürzt, vom Straßenverkehr zermalmt, von der Nacht verschluckt, von der Liebe vernichtet. Aber wenn die Angst uns vertilgt und wir in panischen Nächten fast den Notarzt oder die Polizei rufen wollen, weil das Herz rast, weil es pocht im Kopf und man das Rauschen im Ohr für fremde Schritte hält, die sich bedrohlich nähern, dann hat die Angst die Macht und das Sagen, tyrannisiert uns nach ihrem Gusto.

Freiheit stellt sich ein, wo die Angst aufhört. Irgendwo habe ich den Satz einmal gelesen. Klar, habe ich gedacht, deshalb schüren die Rechten ja hier und überall die Ängste der Menschen, damit sie sich manipulieren lassen. Deshalb erklärt ja der großartige Theoretiker der Protestkultur, Gene Sharp, einer der wichtigsten Sätze für die Veränderung einer Gesellschaft in Richtung Freiheit sei: Promote hope not fear. Aber in meinem kleinen Alltag hat die Angst sich eingenistet. Und hat mich unfrei gemacht. Angst als Agentin der Zerstörung von Lebensmut. «Wenn du einmal anfängst, Angst zu haben, kannst du nicht mehr aufhören», wurde kürzlich ein nordkoreanischer Dissident in der Zeitung zitiert. Ich konnte nicht mehr aufhören, Angst zu haben. All die Jahre nicht. Wenn ich in meine Straße einbog und einen rot blinkenden Krankenwagen sah, sah ich ihn darin. Alles, was noch nicht war, könnte jederzeit sein. Vielleicht ist es das, was die Angst lodern lässt – die Fülle der Möglichkeiten. Angst ist diffus, Furcht konkret. In seinem Buch ‹Das Prinzip Hoffnung› schreibt Ernst Bloch: «Der Boden wankt, sie wissen nicht, warum und von was. Dieser ihr Zustand ist Angst. Wird er bestimmter, so ist es Furcht.» Manchmal fließen Angst und Furcht ineinander, weitet sich die Furcht zur Angst. Und wer sich fürchtet, ängstigt sich auch.

Mehrmals hat er in der Intensivstation auf die Frage des Arztes, ob er einfach nur in Ruhe gelassen werden wolle, heftig mit dem Kopf genickt. Die Verweigerung machte dem Arzt fast mehr Sorgen als der Hirnschlag, die Herzmuskelentzündung, die Lungenentzündung.

Wenn du stirbst, flüstere ich an seinem Bett, bringe ich dich um.

Wenn ich das nächste Mal komme, sagt sein liebster Freund am Telefon, dann legen wir uns eine halbe Stunde auf den Teppich, und ich halte dich fest, wir legen uns eine halbe Stunde einfach nur auf den Teppich.

Erinnerungen sind immer auch Erfindungen. Der ungarische Schriftsteller und Literaturnobelpreisträger Imre Kertész, der Auschwitz überlebte, hat gesagt, er habe Auschwitz erfinden müssen, um über Auschwitz schreiben zu können. Weil er sonst das Schreiben nicht überlebt hätte? Wir anderen, mit den vergleichsweise belanglosen Zumutungen und Verstrickungen, erfinden aus Bequemlichkeit oder Eitelkeit oder weil wir uns im gemütlich dämmrigen Lebenshaus nicht trauen, neue Fenster aufzureißen. Angst vor dem Unbekannten in uns oder vor blanker Leere. Was, wenn man sein Leben lang ein unbeschriebenes Blatt geblieben ist?

Sie sehen völlig nixig aus, hat mir einmal eine imposante Frau ins Gesicht geschmettert, als ich schüchtern und unsicher auf einer ihrer berühmten Partys in New York herumstand – nicht eingeladen, sondern mitgebracht. Der Satz hat mich verfolgt. Und erst später, als ich selbst alt wurde, habe ich mich damit getröstet, dass sie zwar recht hatte, als sie nichts fand in mir, aber dass sie auch böse war, böse auf ihre alternde Schönheit und mich, die ich vor ihr stand, jung und mit leerem Gesicht, in dem aber noch viel Platz war für neue Lebendigkeit.

Wie «es» erzählen? Bitte keine Schmonzette, sagt die Frau in mir, deren Nerven in den vielen Jahren fasrig wurden, die zärtlich und zornig wuchs und schrumpfte. Die lernte, eine andere Wirklichkeit zu gestalten. Die ihm den Tod wünschte und nichts so sehr fürchtete, als dass er sterben könnte. Wie leben mit ihm? Wie leben ohne ihn? Aber wir haben gelebt, haben sogar immer wieder gern gelebt und voller Freude in dieses Leben gegriffen.

Fast jeden Morgen lachen wir zusammen. Zum ersten Mal lacht er in der Rehaklinik, als er eine CD von Gerhard Polt hört. Meine Tochter hat sie ihm mitgebracht und spielt sie ihm vor. Wir wissen noch nicht, wie sehr sein Kopf beschädigt ist, ob er überhaupt denken, Zusammenhänge erfassen kann – als auf einmal sein Bett wackelt. Schüttelfrost, denke ich, Fieber, ein Anfall, Dehydrierung; und habe schon den Finger an der Klingel, als ich begreife: Er lacht. Er schüttelt sich nicht im Fieber, sondern vor Lachen. Er versteht, was er hört, er begreift den Witz, der Kopf funktioniert. Himmel sei Dank: Er kann lachen. Er hat in all den Jahren immer wieder schallend gelacht, hat sich kaum halten können vor Lachen, hat Tränen gelacht, saß halbgelähmt in seinem Rollstuhl, konnte nicht sprechen und hat gelacht.

Wenn ich im Rückblick zu erstarren drohe im Eisbunker der Erinnerung, dann schaue ich mir Fotos an, auf denen er lacht. Strahlend lacht. Und tröste mich mit der Gewissheit, dass es diese Momente gegeben hat. Sie immer wieder gab. Das Lachen war ein großes trotziges Dennoch. Und es war ein Lachen mit einer neuen Freude aneinander. Die wir langsam entdeckten. Denn in all diesen elenden Jahren, in denen wir gekämpft, gelitten und gewütet haben, haben wir uns und einander auch mit neuer Innigkeit kennengelernt. Er musste seine Bedürftigkeit zeigen. Ich meine Hilflosigkeit. Beides ließ sich nicht verbergen. Er hatte die Courage und die Kraft, emotional dem brüchigen Körper zu folgen. Sanft zu sein, zuzuhören, hinzusehen. Ich mag ihn jetzt viel lieber als vorher, sagt eine junge Freundin, als sie ihn besucht. Er nimmt mich ganz anders wahr.

Auch das gehört dazu, das Lachen, die Innigkeit, wenn ich «es» erzählen soll.

Die englische Journalistin Elisabeth Tova Bailey hat eine leuchtend kluge und hinreißende Erzählung von einer Kranken geschrieben, in der Krankheit kaum vorkommt. Stattdessen berichtet sie uns alles über eine Schnecke. Ihre Schnecke. Über die wir mehr erfahren, als wir je wissen wollten – und gar nicht aufhören können zu lesen. Mit vierunddreißig Jahren wird Elisabeth Tova Bailey krank. Ein gefährlicher Virus ungewisser Herkunft zerstört ihr vegetatives Nervensystem, bringt sie mehrfach an den Rand des Todes und belässt sie über eine lange Zeit so geschwächt, dass sie sich im Bett kaum von einer Seite auf die andere drehen kann und es nicht einmal schafft, sich aufzurichten, um aus dem Fenster zu blicken. Eines Tages bringt ihr eine Freundin ein kleines am Waldrand ausgegrabenes Ackerveilchen in einem Keramiktopf. Auf dem Wege hat sie noch eine Schnecke aufgelesen und diese unter die Blätter der Pflanze gesetzt. Bailey wundert sich sehr über dieses merkwürdige Geschenk. Was soll bitte sie mit einer Schnecke? Und ahnt nicht, dass in diesem Moment eine höchst wundersame Geschichte beginnt. Denn es ist die Schnecke, die Bailey im Leben hält, die sie rettet. Diese kleine weiche Molluske in ihrem kunstvoll schönen Gehäuse, die die Kranke über Stunden und Wochen und Monate beobachtet. Wie sie neugierig und anmutig gleitend die Umgebung erkundet, elegant ihre Fühler bewegt, sich mit gerecktem Hals nach hinten über ihr Gehäuse hinweg putzt, sich Schlafmulden gräbt. Und ausgerechnet dieses klebrige Kriechtier wird der Kranken (und auch uns) zum Lehrmeister in behutsamer Wahrnehmung und stillem Sein. Das Schneckenschauen wird zu einer Art Meditation. Baileys oft angstvoll panische Gedanken werden ruhiger. Passen sich dem fließenden Gleiten des Tieres an. Der Pulsschlag normalisiert sich. Ihre Aufmerksamkeit richtet sich immer mehr auf die Schnecke und immer weniger auf sich und ihr Leiden, das sie frei von jeglicher Larmoyanz konstatiert. Bald kann sie die nachtaktive Schnecke geruhsam essen hören. Ein tröstlich gleichmäßiges Geräusch. Die Kranke fühlt sich nicht länger allein in ihrem eigenen Gehäuse aus bedrohlicher Hinfälligkeit und Entkräftung, im Dunkel der schlaflosen Nacht. Nach Wochen des Schneckenschauens «konnte an unserer Beziehung kein Zweifel mehr bestehen: Die Schnecke und ich lebten offiziell zusammen». Nur die Schnecke ist so gemächlich, bedächtig und sanft, wie die Kranke es braucht.

Immer bittet auch er um Langsamkeit, bittet darum innezuhalten, er braucht meine Ruhe, meine Gelassenheit, die ich so oft nicht habe.

Ich sause mal eben zum Bäcker.

Langsam!

Ich koche uns schnell was.

Langsam!

Ich telefoniere nur kurz mit Luise.

Lange!

Gerade rauscht ein Boot mit schwarzem Segel über den Fluss, an dem ich sitze. Das würde ich Dir viel lieber erzählen, mir vorstellen, wer dort ist auf dem Boot, ein zerstrittenes Paar vielleicht, sie hat schlecht geschlafen, hastig gefrühstückt und keine Lust auf den grauen Sturm, der sie vorantreibt. Er sitzt scheinbar unbeeindruckt von Frau und Wind mit den Tauen in der Hand und singt. Lauthals. Ein wütender Jubel entströmt seiner Kehle. Er mag es, hier zu sein. Dreht sich nicht um nach ihr, will ihr verstimmtes Gesicht nicht sehen. Früher hatten sie Spaß miteinander, wenn sie gemeinsam segelten. Haben sich auch bei Regen auf den Planken geliebt. Er singt lauter.

Die Tagebücher sind nun gebunden und sehen wunderschön aus. Rot und kupferfarben wie der Bezug meines großen Tagbettes, auf dem ich auch jetzt liege und schreibe. Einband und Stoff waren keineswegs abgestimmt aufeinander, aber sie harmonieren. Ich schaue sie gern an. Aber nicht hinein. Tagelang habe ich keinen der drei dicken Bände aufgeschlagen.

Aber jetzt, liebste Freundin, habe ich tatsächlich einen Teil der Tagebücher gelesen. Habe mich jeden Morgen mit Herzzittern und Bangen an meinen Tisch gesetzt. Den Tee in der gelben Tasse mit dem türkisenen schmalen Rand, die Du so magst. Und mit der Frage im Kopf: Will ich das hier wirklich? Da draußen gibt es Menschen, Museen, Radwege, Parks, Konzerte, Zimmertheater, Kneipen, da gibt es Kinos, Markthallen, Frühstückscafés mit vielen Zeitungen, mit frischen, duftenden Dinkelbrötchen und hausgemachter Aprikosenmarmelade. Es gibt den Wedding, Neukölln, Spandau, Pankow, so viel Berlin, das ich nicht kenne. Es gäbe sogar die Möglichkeit zu reisen.

Ich lese minuziöse Berichte der Tage, Wochen, Monate, Jahre. All die Handgriffe und Hoffnungen, Fortschritte und Todesnähe, Verwaltung und Pflege, Freundesdienste und Freundesflucht. Ich lese viel Finsternis, Wirren, Wut und Angst. Angst vor der nächsten Thrombose, der nächsten Lungenembolie, dem nächsten Herzabsturz, dem nächsten Seelenabgrund, der nächsten Blasenentzündung, dem nächsten Dekubitus.

Aber ich lese auch Kraft und Zartheit, Leises, Beglückendes. Wenn er etwa – als er endlich einen elektrischen

Rollstuhl bedienen kann – ganz dicht an den Herd herangefahren kommt, an dem ich hantiere, Zucchini und Frühlingszwiebeln schneide oder Süßkartoffeln schäle, um näher bei mir zu sein, mir zuzusehen. Wenn er Nähe mag, ist das Leben auf einmal fast normal. Zwei Menschen, die zusammen sind, sie kocht, er schaut lächelnd zu und legt ihr seine wackelnde Hand auf die Hüfte.

So ist es schön, sagt er. Schön, sagt er jetzt oft, wenn er Dinge sieht, die er früher übersehen hat. Sanfte Momente. In denen es ganz still wird in uns.

Ich bin so traurig, sage ich eines Morgens zu ihm.

Schön, sagt er, schön.

Ich werde keine Idylle malen. Es war nicht idyllisch. Er war nicht das Schaf und ich nicht die liebliche Hirtin. Er hat gewütet. Ich habe gefaucht. Er konnte mich so kränken wie sonst niemand. Fast bis zum Ende. Es gab Zornattacken gegen mich und gegen seinen Zustand.

«Mein Zustand.»

Ich nehme mir Pausen beim Lesen, liebste Freundin, schaue in den Himmel, auf dem vom Wind gejagte Wolkenschiffe vorübersegeln. Mache mir einen Tee, koche mir ein Ei, schneide mir einen Apfel.

Krankheit und Kränkung. Erst in diesen Jahren habe ich den semantischen Zusammenhang verstanden. Den Angriff der Krankheit auf die Unabhängigkeit, auf die Selbstachtung, auf fast alles, was das Ego bisher ausgemacht hat. Wie sich behaupten im ruinierten Zustand. Wie ein Ich bewahren, ein neues Ich hervorbringen. Ein Ich sein.

«Heute Nachmittag», so steht es im Tagebuch, «hat er gezittert vor Enttäuschung und Erschöpfung. Immer wieder hat er sich an der Stange hochgezogen, weil er dachte, er müsse scheißen. Immer wieder habe ich seine Hosen nach unten gestreift und die Pfanne unter den nackten Hintern gehalten. Die Adern im Hals und auf der Stirn schwollen an von der Anstrengung. Und nichts kam. Immer wieder diese Pein. Immer wieder diese Besorgnis, er könne den richtigen Moment verpassen und in die Hose machen. Immer wieder die Angst davor, von dem körperlichen Ungenügen zutiefst gedemütigt zu werden.»

Ich habe die Kränkung nur miterlitten. Wenn man denn mitleiden kann mit jemandem, der so aus allem herauskatapultiert worden ist, was sein bisheriges Leben ausgemacht hat. Wenn man denn mitleiden soll, weil er das vielleicht am wenigsten braucht.

Dein Schmerz ist mein Schmerz – mit diesem Satz hat mich einmal eine Therapeutin aus ihrer Praxis getrieben. Es geht doch darum mitzufühlen und trotzdem und gerade bei sich zu bleiben. Das konnte die Therapeutin nicht. Das konnte ich nicht. Als meine Tochter über lange Zeit sehr krank war und ich mitlitt, war ich keine gute Gefährtin für sie. Weil ich hilflos in ihren Schmerz eintauchte. Was sollte sie mit dieser Art Mit-Leid anfangen. Mich trösten, weil es ihr schlechtging?

Sein Zustand hat mir so weh getan, dass ich manchmal wütend wurde mit ihm, um den Schmerz wegzuschimpfen. Emotionale Hilflosigkeit gebiert bekanntlich kleine oder auch größere Monster. Wir Menschen sind merkwürdige Wesen. Oft so rudimentär in unseren Gefühlen, so wenig kultiviert, so unerzogen. Ein Elternhaus, das keine Schule der Gefühle ist, entlässt emotional hilf- und haltlose Kinder in eine komplizierte Welt. Menschen, die ihre eigenen Gefühle nicht kennen und auch nicht die der anderen, sind nicht nur unglücklich, sie können gefährlich werden. Weil sie Härte mit Stärke verwechseln und Mitgefühl mit Schwäche. Weil sie denken, es sei besser zu nehmen als zu geben. Und Freundlichkeit sei nur was für Weicheier. Die ihren Schmerz in Verliese einmauern und riesige Felsblocken aus Arroganz, Abwehr, Urteil und Zorn vor die Tür rollen, damit er unerreichbar bleibt. Es leiden die Individuen. Es leidet der soziale Zusammenhalt. Eine freie Gesellschaft lebt auch von der Empathie, der Achtsamkeit, des Achtens auf andere.

Auf ihn zu achten und auch auf mich – ich hatte beides nicht gelernt. Und hatte nun zehn Jahre Zeit, es zu üben.

3. KAPITEL

Es geschieht

Warum hast du mich nicht sterben lassen
Ich hätte es doch gar nicht gemerkt

Es gibt sie wirklich, die Sekunden, die das ganze Leben verändern, die einem jede Gewissheit rauben und einen leeräugig in einen Raum voller Fragen starren lassen, die man nicht versteht. Ratlos sitzt man mit der Vergangenheit und der Zukunft auf der schmalen Bank namens Jetzt.

Es war ein Donnerstagabend Ende März. Am Tag hatte es geregnet, und sie war durch nasse Straßen und Pfützen geradelt und müde in den vierten Stock gestiegen. Schon auf der Treppe hört sie das Telefon klingeln. Es ist Viertel vor zehn. Er kann es nicht sein. Er arbeitet noch. Sie hat keine Lust zu reden. Der Tag ist lang und erregt gewesen. Sie hat am Vormittag den ganzen Weg im Zug von D. nach Hause geweint und dem Mann, der sie vom Bahnhof abholt, ihrem Mann, tränenreich erklärt, dass sie ihn verloren habe, ihn nicht mehr finden könne, nicht wisse, wo er sei, wohin er gegangen sei, was er wo suche. Sie sagt ihm alles, was man so sagt, um nicht sagen zu müssen: Es ist vorbei.

Jetzt hat sie doch den Hörer am Ohr. Ihr Mann, hört sie, zusammengebrochen, Charité, Notaufnahme. Sie atmet flach, vorsichtig, bloß nicht tief Luft holen, ich habe Angst vor Luft in meinem Körper, denkt sie, nein, denken kann sie nicht, sie weiß es. Sie zieht sich die Jacke an, die sie gerade an den Haken gehängt hat, schließt die Tür hinter sich ab.

Sein Kollege wartet vor dem Krankenhaus. Hier ist seine Brille, sagt er. Sie darf zu ihm. Rennt fast. Er lächelt schief. Da bin ich nun also, sagt er. Er kann noch klar artikulieren, kann noch deutlich sprechen an dem Abend. Da bin ich. Als sei er nach Irrwegen zu sich selbst zurückgekehrt. Es sind die Worte, nach denen sie sich seit Jahren gesehnt hat. Worte voller Wunder. Er war nicht mehr da gewesen, nicht bei sich und nicht bei ihr. Da bin ich nun also, sagt er, als wolle er sagen, so bin ich wirklich, so pur, so zart und verletzlich.

Eine neue Hoffnung? Eine zweite Chance? Woher kommt nur die Zärtlichkeit, die sich doch schon längst zurückgezogen hatte. Die vertrocknet war wie alte Haut. Jetzt ist sie da. Weich und geschmeidig. Beide lächeln. Beide hoffen. Da bin ich.

Angstwurm heißt der diensthabende Nachtarzt. Manchmal ist die Wirklichkeit phantasievoller als jede Fiktion. Sie hat ihre Tochter angerufen. Nun hocken sie herum, während die Ärzte ihn an Schläuche hängen. Dann

Untersuchungen, Ängste, bedrohliche Worte. Blutiger Infarkt, Einblutung im Kopf, sollte das Blut sich ausbreiten und auf andere Hirnteile drücken, muss operiert werden. Gespräche im gleißenden Licht. Wasser aus Plastikbechern. Glasige Augen. Er schläft. Endlich nach Hause.

Den kleinen Rest der Nacht räumt sie in seinem Zimmer auf. Sie muss sich bewegen, muss beide Hände beschäftigen, muss Dinge anfassen, irgendetwas spüren, und wenn es nur die Post ist, die sie öffnet, die Rechnungen, die Bankauszüge, die sie gewissenhaft abheftet. Zwei Anzüge in einen Sack gestopft, um sie am Morgen zur Reinigung zu bringen. Oder irgendwann. Manisch ordnet sie gegen die Angst. Sie will die Chance. Wirft systematisch alte Papiere und Zeitungen weg. Als würde sie mit dem Ramsch aus seinem Zimmer auch ihr Zusammensein entrümpeln. Irgendwann geht sie ins Bett.

Verstörtes Aufwachen nach Schlaffetzen.

Am nächsten Morgen löffelt er einen Joghurt, als sie ins Krankenhaus kommt. Der Hirnschlag hat ihn nicht zerlegt, denkt sie. Es war eine Warnung, eine Lehre. Jetzt kann sie tief atmen. Und lacht. Und kann sich nicht erklären, woher die Freude kommt. Will sie ihn denn? Aber sie freut sich.

Eine halbe Stunde später der erste epileptische Anfall. Schriller Alarm, rennende Ärzte und Schwestern. Sie erwischen ihn gerade noch im Leben.

Am Abend wird er sehr unruhig: Ich muss raus, ich muss pinkeln, ich muss aufstehen, ich weiß es besser, das kann mir keiner verbieten, das ist ja schlimmer als bei den Preußen, das lasse ich mir nicht gefallen. Man solle ihn bitte loslassen, sonst müsse er um sich schlagen, er warne ja nur. Und reißt sich die Schläuche raus: Entweder werde ich betäubt, oder ich randaliere.

Dann das tagelange Delirium, in dem er seine Träume erzählt, seine Ängste. Er kann immer noch sprechen, genau artikulieren. Und dieser Mann in ihm, der ihn jetzt phantasieren lässt, antwortet sogar auf Fragen.

Ich bin ganz allein in einer Art Raumschiff auf einer Reise ans Ende der Welt, das hinter Wladiwostok liegt. Man kann immer nur ganz kurz aus dem Fenster sehen, weil draußen ein so gleißendes Licht ist. Bis zu zwei bis drei Minuten strahlt es so hell, dass man nicht hineinschauen kann.

War es schön?

Ja. Ich war als Beobachter dort. Und dann auf einmal in einem Zug – ein Gefangener. Wieder allein und über mir in einer Luke sind drei Leute. Ich sehe nur ihre Gesichter, ihre Augen, und sie beobachten mich die ganze Zeit – und sie haben Pistolen, aber sie schießen nicht.

Hattest du Angst?

Nein, aber sie haben mich gestört. Und der Zug fährt immer im Kreis und kommt immer an die gleiche Stelle. Der Zug ist so breit, dass ich das Gefühl habe, dass er quer fährt. Und es ist dunkel, und in der Dunkelheit in der Ecke steht meine Frau, und sie sagt eine halbe Stunde lang nichts. Sie antwortet nicht auf meine Fragen. Sie schweigt. Es geht darum, ob sie mich verlässt. Und ich hätte es verstanden, wenn sie mich verlassen hätte. Wenn sie mich weggeworfen hätte.

Warum?

Weil ich ans Ende der Welt musste.

Aber sie blieb?

Ja. Dann habe ich versucht auszubrechen und habe alles kurz und klein geschlagen. Randaliert. Das ganze Mobiliar kaputt gehauen, aber als es hell wurde, war mir die Flucht nicht geglückt. Und meine Frau und ich waren in Spanien.

Im Urlaub oder in Gefangenschaft?

Das war nicht geklärt.

Du hast so ein schönes Lächeln, sagt er zu ihr, wie lange braucht ein Lächeln um die Welt?

Manchmal lachen wir in seinem Zimmer, weil er so witzig ist, so schräg, so er selbst in seinem Wahn. Hier ist eine Intensivstation, mahnt uns eine freundliche Schwester. Was ist mit uns? Hat er uns eingefangen in seine Traumwelt? Lachen wir, die wir an seinem Bett sitzen, aus Angst? Gegen die Angst? Gibt uns das Lachen Zuversicht? Es war ein seliges, wildes, ahnungsloses Lachen. Hingegeben dem Moment. Auch damals wussten wir nicht – wie man es ja nie weiß –, was nach dem Moment kommen würde.

Patient muss erhört werden!, ruft er. Und als man ruppig an ihm herumhantiert, bittet er um eine liebevolle Behandlung.

Du bist eine schöne Frau, sagt er zu ihr, kommst du zu mir ins Bett.

Geht hier ja nicht, sagt sie.

Schöner Mist, meint er. Und grinst: Mein Humor ist doch schon wieder da. Und wenig später: Muss ich jetzt sterben? – Schreibt den Namen richtig auf meinem Grab.

Der Blutdruck schnellt in die Höhe, er hat Herz-Rhythmus-Störungen, ein Kardiologe wird hinzugezogen, er zappelt, das Fieber steigt, die Entzündungswerte im Blut tun es auch. Und keiner weiß offenbar, woher und warum.

So geht es jetzt Tag für Tag und Nacht für Nacht.

Manche Menschen können Krisen denken, können sie gedanklich durchdringen und erfassen. Aber was, wenn die Krise einen längst verschluckt hat und man in ihr nach Atem ringt?

Sie kann kaum reflektieren, nur noch reagieren, keinen Abstand finden, keinen Kontext herstellen, sondern nur noch den fast täglichen Hiobsbotschaften hinterherhecheln. Die Seele mitschleifen. Das war kein selbstbestimmtes Leben mehr. Die Krankheit hatte längst die Regie übernommen. Und sie spielt ihre Rolle oder jedenfalls eine Rolle – und das, ohne den Text zu kennen.

In der achten Nacht, die sie unruhig zu Hause verbringt, träumt sie, dass sie vergessen hat, im Krankenhaus anzurufen und deswegen der Nachtarzt auf der Intensivstation seinen Herzsprung verschlafen hat. Einen

Tag später ruft er plötzlich laut den Namen des behandelnden Arztes. Ob das wohl genau der Moment war, in dem passierte, was am nächsten Tag Gewissheit wird: der zweite Infarkt. Ob er die Gefahr gespürt und nach dem einzigen Menschen gerufen hat, von dem er glaubte, Hilfe erwarten zu können. Hat sein Instinkt funktioniert? Und keiner hat es begriffen. Auch sie nicht. Auch sie hat nicht gemerkt, dass dies womöglich der gefährlichste Moment dieser Tage war. Sitzt sie denn blind und tumb an seinem Bett, gewürgt von der Angst und nicht sensibilisiert durch sie.

Gestern hat er noch ein paarmal ihre Hand gedrückt. Heute keine Reaktion. Leblosigkeit. Da sitzt man neben dem Mann, der nur noch Körper zu sein scheint, redet, singt, streichelt – und er ist irgendwo zwischen Schlaf und Ohnmacht, zwischen Koma und Tod. Und man weiß nicht, ob man weinen, verstummen oder weglaufen soll. Und streichelt weiter. Während der Schreck nicht mehr passt in den Körper, ihn zu zersprengen droht.

Er ist so gelbbleich und wächsern, wie Menschen es werden, wenn sie sich auf den Weg machen. Ein Neurologe und ein Kardiologe stehen an seinem Bett. Sie können sich nicht erklären, warum er nicht mehr zu sich kommt. Also noch einmal ein CT. Vielleicht eine weitere Blutung, eine Verklebung des Blutes im Hirn, das könnte es sein, dann müsste man ein Loch bohren und mit einer Kanüle hineingehen … Sie will es nicht hören, will den Spekulationen der Ärzte nicht folgen. Warum müssen sie immer laut vor den Kranken und Angehörigen denken? Warum uns Bilder in den Kopf setzen, die dort Unheil anrichten. Warum warten sie nicht auf Ergebnisse. Die sind heute schlimm genug. Es war tatsächlich ein zweiter Schlaganfall. Dieses Mal ein ischämischer. Ein Infarkt im Kleinhirn. Betroffen ist das Gleichgewicht, das Sprechen – also die Artikulation, nicht die Sprache. Womöglich war der zweite Schlaganfall ein ärztlicher Kunstfehler. Manches weist darauf hin. Ein Assistenzarzt deutet es an. Sie hat nie nachgefragt, nie recherchiert. Lebt für die nächsten zehn Jahre zu sehr im Schock dessen, was ist. Was würde die Nachforschung nützen. Es ist passiert. Sein Zustand ist und bleibt ein unumstößlicher Fakt. Und mit diesem Zustand müssen sie nun leben.

Das Schlucken funktioniert nicht mehr. Womöglich eine Gaumenlähmung. Er bekommt einen Wendl-Tubus in die Nase – und schreit so beim Einlegen, dass sie sich ganz hinten im Flur noch die Ohren zuhalten muss, um nicht mitzuschreien. Ein dicker Schlauch liegt nun in der einen Nasenhälfte, in der anderen die Magensonde. Und zum ersten Mal flüstert in ihr der Satz, der für eine Weile immer lauter werden wird: Würde er es wollen, so weiterzuleben? Wie soll er das aushalten. Dieser ehemals saftige Mann, der von seiner Kraft lebte, seiner Maßlosigkeit und vom Reden.

Bis gestern war sie verzweifelt aus Angst vor dem Tod, und heute ist sie versteinert aus Angst vor dem Leben.

Sie sind jetzt fünfzehn Tage auf der Intensivstation. Ständig schreit eine Frau mit Kindchenstimme, und immer wieder tönt ein sonorer Bass. Ein Russe, der un-

unterbrochen nach Wanja ruft und nach Eva. Und weder Wanja noch Eva kommen.

Er hat eine Thrombose. Nicht ungefährlich, sagt der Arzt. Und sie explodiert. Seit Tagen weise sie darauf hin, dass der Arm dick und fest sei und sich anfühle wie ihr Venenbein, wenn es schwelle. Was, sagt er, das haben Sie den Kollegen gesagt?

Nun müssen sie Heparin geben. Und wenn es dadurch zu einer weiteren Einblutung im Hirn kommt? Er schluckt nicht, er muss abgesaugt werden, muss reintubiert werden, weil die Nase blutet, das Fieber steigt. Er atmet flach. Der Blasenkatheter muss neu gesetzt werden. Entzündung am Penis. Durchfall. Die Gehirnströme verlangsamen sich.

Und immer wieder ratlose Ärzte. Und immer wieder der Satz, mal von diesem Arzt oder jener Ärztin ausgesprochen: Er gefällt mir nicht. Und ihr wollt Wissenschaftler sein, hört sie sich die jungen Männer und Frauen angreifen, und andauernd höre ich, dies und jenes sei rätselhaft, man habe keine Erklärung, man wisse es nicht. Aber wenn man von der Seele spreche, werde das weggewischt wegen ungewisser Erkenntnislage.

Ein Luftröhrenschnitt wird diskutiert. Wäre es nicht besser, wenn er stürbe, fragt sie den Arzt. Ihre Tochter ist entsetzt ob ihrer scheinbaren Coolness. Aber da ahnt sie für einen Moment seine (und ihre) Rebellion gegen ein dahinvegetierendes Leben. Sollen wir vielleicht, fragt sie also noch einmal, bei der nächsten Lungenentzündung nichts machen? Die Chancen, dass Ihr Mann lebend hier rauskommt, sind fünfzig-fünfzig, antwortet er. Er werde öffentlich dafür kritisiert, auch sterben zu lassen. Aber: Wäre es mein Bruder, würde ich weitermachen.

Immer wieder wird er sie später fragen: Warum hast du mich nicht sterben lassen? Ich hätte es doch gar nicht gemerkt.

Und dann passiert etwas Eigenartiges – oder ist es schlicht ein archaisches Wollen, das sich Bahn bricht? Sie will, dass er lebt. Je länger die Agonie, je größer die Gefahr, desto mehr will sie, dass er lebt. Desto weniger kann sie sich vorstellen, ihn zu verlieren. Desto mehr will sie die zweite Chance. Ein Leben mit ihm. All die Pein, um dann zu sterben? Das erscheint ihr inzwischen absurd. Der Wahnsinn der Schmerzen und der zahlreichen Attacken muss doch bitte belohnt werden mit dem Leben.

Am einundzwanzigsten Tag in der Intensivstation stürzt der Blutdruck rapide. Von sechzig auf fünfunddreißig, Zimmer sieben akut, ruft die Schwester. Wieder gelb und kleingesichtig liegt er in seinem Bett. Sehr verlassen sieht er aus. Unerreichbar. Vielleicht hätte er in dem Moment friedlich sterben können, wenn nicht der medizinische Großapparat angeworfen worden wäre. Auch angetrieben von ihr.

Eine Freundin ist angereist, um bei ihr zu sein. Gestern, sagt die Freundin zu ihr, war er noch er, heute nicht mehr. Und kotzt auf der Straße in den nächsten Abfalleimer – ihr Mann ist vor wenigen Jahren gestorben. Sie suchen nach einem Café. Wollen sie wirklich Kaffee trinken oder einfach nur fliehen? Luft atmen? Menschen sehen? Leben sehen?

Dabei empfindet sie Lebendigkeit gerade als reinste Zumutung, zärtliche Paare sind ihr unangenehm, lachende findet sie fast obszön. Es ist ein Frühlingstag. Einer dieser Tage mit der unentrinnbar dahergewehten Fröhlichkeit. Bald würde es grün sein und warm, und man könnte aus den Wohnungen kriechen, auf der Straße schlendern, sich rekeln in linder Luft. Man würde Fremden zulächeln, sich einen Platz auf einer Terrasse suchen, womöglich mit dem Kellner und der Frau an der Kuchentheke leichte, hüpfende Worte wechseln. Sie staunt ob all der Möglichkeiten, die nichts zu tun haben mit ihr. Denn dort in dem groben Hausklotz hinter ihr liegt er. In seinem luftlosen Zimmer. Leblos blass. Der Mann, um den sie kämpft, von dem sie nun nicht mehr will, dass er stirbt – und hatte sich seinen Tod doch zuvor schon mehrfach ausgemalt als Lösung aller ehelicher Wirren. Tragischer Verkehrsunfall statt zickiger Scheidung. Aber jetzt soll, jetzt muss er leben.

Kennen wir dieses Festhalten-Wollen nicht von Kindesbeinen an: Ein Spielzeug liegt in der Ecke und interessiert einen nicht – bis ein anderes Kind es will, und man es ihm wütend aus der Hand zerrt und schreit: Das ist meins! Und wenn – wie jetzt – das andere Kind der Tod ist, der mein Spielzeug will, greife ich zu, halte es fest und brülle.

Ich will ihn behalten – aber darf ich das wollen gegen

seinen Willen? Kann er denn wollen in diesem Zustand? Ist das etwa ein freier Wille?

Am zweiundzwanzigsten Tag Verdacht auf Herzinfarkt. Er überlebt auch diesen Angriff. Und kommt viele Tage später hin und wieder zu sich. Das Glück des ersten Händedrucks. Er hat mich gehört, er hat mich verstanden. Tage später führen wir ein intensives «Gespräch». Er ist ganz präsent.

Weißt du, wer ich bin?, fragt meine Tochter.

Kräftiger Druck.

Willst du wissen, was los ist mit dir?

Druck.

Wir beginnen ein bisschen zu erzählen.

Willst du mehr wissen?

Druck.

Willst du was von der Reha wissen?

Druck.

Machst du dich mit uns auf den Weg?

Druck.

Hast du Angst?

Keine Reaktion.

Bist du unruhig?

Druck.

Ich jubiliere. Wenn jemand mit einem kranken Kopf Angst und Unruhe unterscheiden kann, funktioniert doch sein Hirn. Oder hat er Angst nicht verstanden?

Irgendwann versucht er zu sprechen – und es ist ein unverständliches Gurgeln. Da liegt er und will mir etwas sagen und kann es nicht. Und ist auch noch an Hand und Fuß angebunden. Er tobt. Verdreht die Augen. Der Blutdruck schießt auf über zweihundertsiebzig. Ich werde panisch und will nur noch weg, fliehen, raus. Immer wieder reißt er die Augen weit auf, als sähe er einen Schrecken sitzen in der Luft über sich.

Bleibt er verwirrt, frage ich.

Der Arzt zuckt mit den Schultern.

Ich stelle mir seinen Kopf ein wenig vor wie einen Wackelkontakt, sagt meine Schwester. Mal funktioniert's prima, und dann liegt ein Drähtchen wieder quer.

Oft bin ich zu ausgeleert, zu kraftlos und betäubt für eine sich aufbäumende Verzweiflung. Nur in dem Zustand traue ich mich, nach Hause zu gehen, nur dann kann ich ins Bett fallen und hoffen, zu schlafen. Die Ärzte werden einsilbiger. Und dann, sagt eine Freundin am Telefon, gehen sie dir aus dem Weg.

Am siebenundvierzigsten Tag wird er – viel zu früh – in die Reha verlegt. Wo uns die Ärztin mit den Worten begrüßt, dass hier natürlich alles passieren könne, eine neue Einblutung, ein Infarkt, Herzstillstand, Sekundentod. Da, sagt sie zufrieden, da kann man dann nix mehr machen. Natürlich sei hier das Risiko größer, weil sie keine Intensivstation hätten – auch wenn man Privatpatient sei, fügt sie süffisant hinzu, und vom Chef besucht werde. Der in dem Moment tatsächlich kommt und erklärt, es sehe doch alles ganz gut aus. Er tätschelt den Arm des Patienten, und ich frage mich, was diese zwei Minuten wohl kosten werden.

Sechs, manchmal acht Stunden oder länger bin ich jeden Tag bei ihm. Schleppe am Abend schmutzige T-Shirts und verschissene Jogginghosen zum Waschen mit nach Hause. Immer wieder liegt er im verschleimten, vollgehusteten T-Shirt und in seiner Scheiße, wenn ich morgens komme. Ich muss da sein, muss drängen, mich kümmern, den Chef umsäuseln, die Schwestern loben und heimlich überwachen. Einmal haben sie vergessen, ihm Wasser anzuhängen. Er dehydriert. Rettungsstelle, japst eine panische Ärztin. Und weil es gerade keinen Krankenwagen gibt auf dem Gelände, wird er auf eine Schrage geschnallt, ein Pfleger schiebt, ein zweiter hält eine Infusion in der Hand – und so traben sie in herrlichem Sonnenschein zur benachbarten Klinik. Komatös, höre ich sie rufen. Eine fast surreale Szene.

Einmal fiebert er. Es ist ein heißer Tag. Er ist unruhig, weit weg von mir und der Wirklichkeit: dem Bett, dem Zimmer in der Rehaklinik. Ich messe die Sauerstoffsättigung, immer wieder lege ich ihm den Clip an den Finger. Zwischen fünfundneunzig und hundert Prozent wären normal, unter achtzig wird es ungut. Dann können Gehirn oder Herz beschädigt werden. Er schwankt zwischen dreiundachtzig und siebenundachtzig Prozent.

Atmen, sage ich, ganz ruhig atmen und ganz tief.

Ich atme ein und aus und wieder ein, kühle ihm Stirn und Wangen, creme sein Gesicht ein, die Hände, wische den Mund aus mit in Tee getauchten Wattestäbchen. Er zuppelt und reißt am Bettbezug. Genau so hat es mein Vater getan in den Wochen seines Sterbens. Zappelnde

Finger, die ins Leere greifen, an der Decke ziehen, die fuchteln und hasten, sich schieben hinauf zum Hals und über die Brust wieder herab; panische Finger, die drängend einen Weg suchen, einen Ausweg aus der Gefahr. Sieht denn niemand, wie bedroht sie sind. Die wie von Wölfen getrieben über die Steppe der Bettdecke hetzen, die durch die Luft jagen und keinen Halt finden, keinen Frieden.

Sein Gesicht ist verzerrt, ich sehe ein beschädigtes, ein leidendes Antlitz. Streiche leicht mit den Fingern über seine Stirn, seine Wangen, sein Kinn – als könne ich ihn glätten, befreien, erlösen. Atmen, sage ich, tief atmen. Und weine. Er hustet und wird rot vor Anstrengung. Ob sein geblutetes Hirn das aushält? Ob das Tracheostoma rausrutschen kann? Er möchte ein Kissen unter dem Kopf und zerrt es sich wieder weg, will es zurück und fuhrwerkt herum. Schlägt nach mir, wenn ich versuche zu helfen. Er greift nach einem der Schläuche, will sich befreien. Ich haue ihm auf die Hand. Da kommt er kurz zu sich. Sieht mich mit klaren Augen an. Nicht wütend. Nur erstaunt.

Ein Masseur kommt, massiert ihm ganz leicht die Füße und beobachtet dabei genau sein Gesicht. Eine Schwester tauscht den verschleimten Kanülendeckel aus, misst den Puls, der zu schnell ist, die Backen hochrot, das Fieber scheint zu steigen. Sie legt ihm ein Thermometer in die Leiste, er müsste stillhalten, für ein paar Minuten nur, was er nicht tut, was er nicht kann in seiner Rastlosigkeit. Dennoch zeigt das Thermometer neununddreißig Grad.

Ich setze mich neben ihn, nehme seine Hand, die er gleich wegzieht, schaue aus dem Fenster und beginne zu erzählen, was ich dort draußen sehe. Wie der Himmel sich bezieht, ein Wind aufkommt, der auch ins Zimmer weht, auf ihn und auf sein Gesicht. Er kühlt dich, er streichelt dich, ein leichter, zarter Abendwind, und er bringt Regen mit sich. Schau mal hinaus in die Bäume und in den Himmel in all seinen Schattierungen von Grau und letztem Tagesblau. Jetzt kommen die ersten Tropfen, ein schöner, kühlender Sommerregen, wie gut das tut, und du wirst gesund. Atmen, tief atmen, den Wind einatmen und die Kühle. Der Regen lehrt uns Geduld, hörst du, wie gemächlich und sanft er herabfällt. Atmen, tief einatmen. Schau, wie die Wipfel tanzen im Wind, ein leichter Tanz der Zweige und Blätter, ein Birkenwipfeltanz.

Ich halte mich fest an meinen Worten, um mich nicht zu verlieren in seinem Fieber, seiner inneren Abwesenheit, seiner Qual. Ich rede und rede.

Jetzt sind Zweige und Blätter wieder ruhig. Der Wind hat sich zurückgezogen. Kaum eine Brise. Sie biegen sich nur noch und wirbeln nicht mehr. Es regnet schon wieder, ein ruhig strömender Regen. Spürst du, wie die kühle Luft dich umweht, wie dein Fieber sich davonschleicht, wie der Regen es vertreibt. Jetzt hüpfen nur noch einzelne Blätter. Der Wind ruht sich aus. Kommt gewiss gleich zurück – mit einer kleinen Böe oder einer großen. Da kommt sie schon. Siehst du, wie die Zweige sich wiegen, ganz leicht nur und im Rhythmus des Windes. Es muss schön sein, Ast zu sein, verlässlich angewachsen am Stamm, verbunden mit dem tief verwurzelten Baum und frei und lebendig genug, um wild fliegen und sich biegen und schwingen zu können in der Luft. Atmen, tief atmen, die Ruhe der Natur einatmen, die sanften Berührungen des Windes spüren. Atmen, das feuchte Gras riechen, die frisch gewaschenen Stämme. Schau, die große Tanne ganz hinten links, wie majestätisch sie dort steht. Lässt die Birken schwofen. Wie die Blätter wirbeln, wie sie flattern, als hätten sie Gefieder und könnten gleich auf und davon fliegen. Jetzt tanzen auch wieder die Wipfel. Und die Tanne nickt den sich Wiegenden freundlich zu.

Der Himmel reißt auf, sage ich, was für ein seltsamer Ausdruck; als habe jemand den Wolkenstoff aufgerissen, und tatsächlich sieht man da schon einen blauen Streifen zwischen ausgefransten Wolkenbändern.

Atmen, tief atmen.

Ich glaube, er öffnet tatsächlich hin und wieder die Augen und schaut hinaus. Ich decke ihn zu, wickle mir selber einen Schal um die Schultern, und so sitzen, liegen wir nebeneinander, und ich rede und rede monoton besänftigend zu ihm hin, erzähle ihm, wie die Kraft der Natur gerade hineinströme in uns – und er wird ruhiger, die Backen glühen weniger, der Puls wird langsamer. Er lässt seine Hand auf meiner.

Es ist ein schöner Moment. Ein Moment der Ruhe. Als ich mich über ihn beuge und frage, ob ich ihn küssen darf, nickt er und zieht meinen Kopf zu sich herab. Und ich meine, dass es im gelähmten Mundwinkel zuckt. Vielleicht ist Küssen die beste Therapie.

Er schließt die Augen und lächelt. Macht sie nicht wieder auf. Als wolle er sagen, jetzt geh, mit dem Kuss bleibe ich hier zurück.

Es ist spät geworden. Und als ich endlich nach Hause fahre, ist wie immer dieser aussichtslose Wunsch in mir, ihn anrufen und ihm erzählen zu können von dem Tag am Bett des kranken Mannes.

Und dann klappe ich selbst zusammen. Bin auf der Fahrt zu ihm, als plötzlich Eisenklammern meinen Brustkorb zusammendrücken. Ich versuche, tief zu atmen. Der Schmerz steigt in den Kopf. Ich muss es schaffen bis zur Rettungsstelle. Denn wenn mir etwas passiert, will ich im selben Krankenhaus liegen wie er. Ich fahre. Hoffentlich werde ich nicht ohnmächtig, hoffentlich gefährde ich niemanden, hoffentlich schaffe ich es rechtzeitig, an den Rand zu fahren, bevor ich wegsacke. Ich reagiere noch gut. Bremse, lenke. Und dann fangen die Hände an zu zittern und steif zu werden. Ich sollte doch an den Straßenrand fahren und jemanden anrufen. Ich nehme das Telefon und kann es nicht bedienen. Die Hände sind spasmisch verkrampft, lassen sich nicht öffnen. Ich fahre weiter. Halte mich am Lenkrad fest. Und komme tatsächlich an. Stoppe beim Pförtner, halte meine zitternden Hände in die Höhe und schreie, ich habe einen Anfall, ich habe einen Anfall.

Es ist der sechzigste Tag, vielleicht auch der achtundsiebzigste. Im Rückblick fließt die Zeit ineinander. An das Gefühl erinnert man sich, an den Schmerz, den Schlund, die Düsternis. Und es ist gleich, an welchem

Tag, in welcher Woche, in welchem Jahr man fühlte, woran man sich erinnert.

Als ich an diesem Abend die Klinik verlasse, wird gerade eine Tote durch den Flur zu einem Lift gerollt. Sie ist sehr schön. Hat eine Blume zwischen den gefalteten Händen. Tatsächlich zerfalle ich gerade. Die Kraft verlässt mich. Das darf nicht sein. Ich spüre, ihm nicht gutzutun. Bin zu müde, zu verzweifelt, zu angespannt. Wenn man keine Hoffnung hat, dann können auch Gesunde sterben, hat kürzlich eine Freundin ihre polnische Großmutter zitiert. Immer wieder lebe ich zu sehr in seiner Haut und nicht in meiner, bin in seinem Atem, in seinen Schmerzen, an seinem Bett. Und muss mich daran erinnern, auch einen eigenen Körper zu haben, auch selber eine Person zu sein, für die man sorgen müsste.

Und dann ist er es, der eine Lösung findet. Mehr Luxus, sagt er eines Tages. Es dauert, bis ich das Wort kapiert habe. Mehr Luxus. Ein größeres Zimmer, frage ich, ein helleres? Er schüttelt den Kopf. Und dann sagt er ein Wort, sagt es immer wieder, bis ich es verstehe. Privatkrankenschwester. Er will jemanden, der sich richtig und intensiv um ihn kümmert. Er weiß, was er braucht. Und mit unglaublich viel Glück finde ich innerhalb von wenigen Tagen eine Frau, die ab sofort jeden Tag für mehrere Stunden zu ihm ins Krankenhaus kommt, die ihn duscht und aufheitert, die ab jetzt zehn Jahre lang fast jeden Morgen gutgelaunt sein Zimmer betritt, die ihn zum Lachen bringt – und wenn sie dafür bunte Ringelsöckchen über ihre breiten Füße streifen muss und für ihn tanzt – dem konnte er nie widerstehen und schüttelte sich vor Vergnügen. Bis zu seinem Tod wird diese Frau uns das Leben leichter machen.

Ich fange wieder an, etwas mehr zu arbeiten. Mache in diesen Wochen und Monaten Sendungen, moderiere eine Veranstaltung, halte einen Vortrag. Und wenn es losgeht, ist es, als werde ein Schalter umgelegt in mir. Dann dreht das Zirkuspferd seine Pirouetten. Und ich bin glücklich, wenn es gelingt.

Und ich baue – davon wird die Rede noch sein. Baue eine Wohnung für sein Kranksein und uns.

Woher hatte ich nur die Courage, ja die Chuzpe, das alles parallel bewältigen zu wollen. Woher nimmt ein Mensch seine Kraft. Gewiss auch aus der Konzentration. Man kann nicht gleichzeitig denken und Angst haben. Man kann kein Interview vorbereiten und über Herz-, Blasen- oder sonstige Katheter nachdenken. Man kann nicht innere Bilder malen und zugleich die äußeren vor Augen haben.

Kraft holt man sich auch daraus, anderen Kraft zu geben. In anderen Worten: gebraucht zu werden, helfen zu können. Kraft holt man sich aus den Menschen, die einem nah sind. Und überfordert sie, wenn man nicht aufpasst, wenn man sich nicht selber auflädt in geklauter Zeit. Dann sitzt man am Abend in einem Restaurant an einem schönen Platz, bestellt sich einen Grünen Veltliner, raucht eine Zigarette, isst einen Flammkuchen und verbindet sich mit der lauen Luft. In der er nicht ist. Man denkt an sich und nicht an ihn. Eine so schwierige wie notwendige Übung. Man holt sich Mut aus der Hoffnung, wie falsch sie auch sein mag, aus der Zuversicht, man macht Pläne. Damals kannte ich noch nicht den Satz, der mich heute fast immer begleitet: Willst du Gott zum Lachen bringen, schick ihm deine Pläne.

Und immer wieder habe ich mir Kraft aus der Literatur geholt. Wenn ich mich hineinflüchten wollte in andere Leben, Leidenschaften, Traurigkeiten. Wenn andere Welten entstehen sollten in mir als die, in der ich war. Ich habe immer Schriftsteller beneidet, weil sie sich das, was sie selbst nicht haben, schreiben können. Und beim Schreiben nah und tief fast leben, was sie sich erfinden. Lesen ist immerhin die zweitbeste Option, um aus der eigenen Wirklichkeit zu entschlüpfen, und – war man eben noch Raupe – nun als Schmetterling durch die Lektüre zu fliegen.

Auf meinem Schreibtisch stand ein Spruch von Rudolf Steiner, den mir eine Freundin geschickt hatte:

«Ich trage Ruhe in mir,
Ich trage in mir selbst
Die Kräfte, die mich stärken.»

Man holt sich Kraft aus Reserven von früher. Und daraus, wie man umgeht mit dem, was man erlebt. Auch sprachlich. Einmal erzähle ich einer Frau, die selbst einen kranken Mann hat, sehr vorsichtig von ihm und mir.

Das ist doch alles zum Kotzen, sagt sie.

Das Wort ist wie ein Hammerschlag.

Es ist beängstigend, wage ich zu widersprechen, es raubt einen aus, aber zugleich sind doch die Gefühle so wach wie selten zuvor, man lernt sich neu kennen und den anderen auch. Und natürlich zitiere ich Arno Gruen, den so geliebten Schriftsteller und Psychoanalytiker, der immer wieder spricht und schreibt darüber, dass wer abgeschnitten ist von Schmerz, auch abgeschnitten ist von wahrer Freude. Vermutlich rede ich mehr zu mir selbst als hin zu der Frau. Gehört hat sie mich jedenfalls nicht.

Ach, sagt sie, irgendwie ist es eben doch alles eine große Scheiße.

Und immer wieder ist es der Trost der Schönheit. Schön ist, was Freude bringt, hat Euripides gesagt. So einfach ist es wohl nicht mit der Schönheit, die – so Baudelaire – ebenso gut aus der Hölle wie aus dem Himmel stammen könne. Aber meine kleinen privaten Schönheitsempfindungen hatten (und haben) in der Tat zu tun mit Lebendigkeit, Freude, Leichtigkeit und mit Lebenswillen. Denn dort, wo Schönheit allein über Harmonie und Symmetrie definiert wird, verliert sie an Sinnlichkeit, es fehlt ihr die Glut des Aufruhrs. Dann schaut man hin und staunt – aber ist man getröstet? Es ist ja gerade nicht Makellosigkeit, die Schönheit ausmacht. Im Gegenteil, sie kann Schönheit zur Makulatur verkommen lassen. Wir wollen weder das Paradies noch die Hölle und suchen ewig nach dem Zwischenreich.

Wenn allerdings die Erschöpfung zu groß ist – und das war sie oft –, dann kann ich keine Musik hören, weil sie den Firnis der Disziplin durchbricht, ins zarte, hinfällige Innen dringt, dann plündert berauschende Schönheit in all ihrer Wucht meine letzten Kraftreserven. Dann schmelze ich wie Blei im Feuer, verliere Lebendigkeit und Willen. Dann will ich nicht überwältigt, sondern besänftigt werden. Dann brauche ich keine mächtigen Kompositionen oder grandiosen Panoramen, sondern Wiesen, Felder und Nieselregen. Dann ist es der Vogel, der vergnügt einen Regenwurm aus der feuchten Erde zieht, der mich tröstet, oder eine Wolke, die gemütlich am Himmel schlendert, oder der eine lila Fliederbusch vor dem Fenster.

Obgleich, diese Nachbemerkung sei erlaubt: Vielleicht wäre Schönheit gerade dann heilend gewesen, wenn ich sie abgewehrt habe, weil sie Harnische aufbricht, den Schmerz befreit und wirkliche Stärke genau daraus hätte erwachsen können.

Er überlebt das Krankenhaus. Er überlebt die Rehaklinik. Mit unvorstellbarer Resilienz. Als ich ihn im Krankenwagen nach Hause hole, kann er nicht gehen und nur verstümmelt sprechen, kann nicht lesen oder schreiben – aber er ist hellwach im Kopf. Zukunft, so heißt es im Grimm'schen Wörterbuch, entsprach zunächst der Ableitung von zukommen. Zum Glück, wie das ja immer ein Glück ist, hatten wir keine Ahnung, was auf uns zukommen, wie unsere Zukunft aussehen würde.

4. KAPITEL

Es bleibt

Lass mich doch einmal traurig sein bitte

ALS ICH ZU IHM in den Krankenwagen steige, um endlich nach Hause zu fahren, sagt er erleichtert: Da bist du ja. Ich bin nicht gern allein. Jetzt, sagt er, jetzt beginnt das schöne neue Leben.

Und dann liegt er zu Hause, in der Wohnung, die noch keine ist, liegt in einem Zimmer, das noch keines ist, im gemieteten Krankenbett. Er liegt ganz stumm. Fühlt sich fremd. Um ihn herum zwei Männer, die letzte Ecken spachteln und malen. Es gibt noch keine Möbel, keine Küche und erst seit zwei Tagen eine Haustür. Die ersten Wochen habe ich mit zwei angenagelten schweren Plastikbahnen im Türrahmen gewohnt, die im Windzug schabend aneinanderstießen. Nachträglich kann ich kaum glauben, diesen so jämmerlich kranken Mann in ein so notdürftiges Provisorium geholt zu haben. Damals wollten wir nur weg aus der Klinik.

Er hat die Pflegerin gebeten, einen großen Blumenstrauß für mich zu kaufen. Was für eine Geste. Welche Hoffnung steckt in diesen Stängeln. Wie viel Erwartung. Und Zuwendung. Jetzt, da er mich braucht, liebt er mich?

Der Strauß ist da, die Pflegerin weg.

Und nun?

Ich laufe zum Metzger, zur Apotheke, solange die Maler noch in seinem Zimmer sind. Wage nicht, ihn nur eine Sekunde allein zu lassen. Ich füttere ihn, lese ihm vor, putze sinnlos herum, was tun mit der Zeit? Ich haste innerlich durch den Nachmittag. Erst am Abend kommt die Pflegerin wieder. Er hat Schmerzen, die schlimmer werden. Offenbar ist der Katheter verstopft. Ich rufe die Frau an, die seine Hausärztin werden soll. Nein, sagt sie, am späten Abend komme sie nicht. Ich möge den Notarzt rufen. Was ich tue. Er kommt, und ist wohl eher Gynäkologe als Urologe. Nur mit Mühe gelingt es ihm, den Katheter zu entfernen. Einen neuen zu setzen schafft er nicht. Stümpert herum.

Notarztwagen und ins Krankenhaus, sagt er. Auf keinen Fall, sage ich, und wenn ich ihn dreimal windle in der Nacht, er kommt in keinen Krankenwagen und in kein Krankenhaus. Das nicht. Nicht heute. Er bleibt hier.

Ich will zurück in die Klinik, flüstert er. Er hat Angst. Aber die Pflegerin (die keine Krankenschwester ist) und ich schicken den Arzt weg. Sie stülpt ihm ein Urinalkondom über – so etwas hat sie auch noch nie gemacht –, hängt einen Beutel dran und fährt nach Hause.

Wir sind allein. Zwei Verängstigte. Aber zu Hause. Oder sagen wir: In einer fremden Umgebung, die unser Zuhause werden soll. Er schläft im Zweistundentakt, ich bleibe wach. Und am Morgen hat er kräftig gepinkelt. Bin so glücklich. Wieder eine Krise gemeistert. Die Freuden werden wahrlich andere.

Ich hole zum Mittagessen, was sich leicht schlucken lässt. Kartoffelmus und Lachs, Quarkspeise. Alles verspeist er mit großem Vergnügen. Er kann schon einiges essen, aber noch nicht trinken. Wasser wird ihm durch einen Schlauch eingeflößt, der in einem Loch im Bauch verschwindet.

Er bittet, die große Flügeltür zur künftigen Küche zu öffnen, und ist glücklich. Schön, sagt er immer wieder, schön und zeigt mit seiner schlackernden Hand mit großer Geste in den großen Raum.

Am Abend kommt ein eleganter Urologe, der sich die Tasche von einer langbeinigen Sprechstundenhilfe tragen lässt. Zumindest weiß er, was er tut.

Endlich erscheinen Handwerker, um die Küche einzubauen. Ich bitte die beiden jungen Männer, an sein Bett zu treten und ihm guten Morgen zu sagen. Er streckt ihnen die wackelnde Hand entgegen, die sie tapfer nehmen. Dann fangen sie an zu sägen, zu schmirgeln und zu hämmern. Der dichte feine Staub hängt auch in seinem Zimmer, der gerade im Krankenhaus eine Lungenembolie knapp überstanden hat.

Langsam bekommen die Tage eine Struktur, einen Rhythmus. Jeden Morgen gehe ich zwischen halb acht und acht in sein Zimmer. Er winkt, wenn ich mich der

Glastür nähere, um zu zeigen, dass er wach ist und ich ihm willkommen bin. Jeden Morgen streckt er lächelnd und sehnsüchtig den halb gesunden Arm nach mir aus, bis ich an seinem Bett stehe. Jeden Morgen leuchtet dieser ins Mark getroffene Mann, wenn ich mich über ihn beuge, um ihn zu küssen. Guten Morgen. Wie war deine Nacht? Ich nehme das Urinalkondom ab und führe Buch über Pinkelmengen, mache ihn sauber, hänge einen Wasserbeutel an eine Stange und befestige den Schlauch an die Magensonde.

Und dann erzählt er, woran er gedacht hat. Meist verstehe ich ihn gut, muss nur selten nachfragen, seinen Redefluss nicht unterbrechen. So viel lagert in seinem Kopf und möchte heraus. Mal sind es Jugenderinnerungen, mal sind es frühere Geliebte, dann ein Theaterstück, das ihm plötzlich eingefallen ist. Er erzählt von seinen vielen Reisen.

Habe ich dir je von dem Kameramann erzählt, der die blödesten Kalauer erfand? Was heißt Schnellkocher, hat er einmal gefragt, als wir in Rom ein Gipfeltreffen drehten. Garibaldi.

Und jetzt strahlt er in seinem Bett, als er sich daran erinnert.

Oder es ist ein französisches Gedicht, das er aufzusagen versucht. Ich google es, und dann deklamieren wir es gemeinsam.

Le Corbeau et le Renard

Maître Corbeau, sur un arbre perché,
Tenait en son bec un fromage.
Maître Renard, par l'odeur alléché,
Lui tint à peu près ce langage : …

Um neun Uhr kommt die Pflegerin mit frischen Brötchen. Jeden Vormittag – wenn er gewaschen wird, wenn er später im Rollstuhl am Esstisch die Zeitung durchblättert (Überschriften kann er lesen, die Zeilen darunter nicht, weil das Gesichtsfeld halbiert ist), wenn Ergotherapeuten, Logopäden, Masseure, Krankengymnasten ins Haus kommen – telefoniere ich mit eventuellen Pflegern oder Krankenschwestern, mache Listen für die, die hin und wieder am Abend kommen, um mich zu entlasten.

Abendpflege

Im Rollstuhl
- Zähne putzen im Bad am Waschbecken
- Rücken abreiben mit Franzbranntwein
- Nachthemd anziehen

Im Bett
- Schuhe, Hose, Schiene, Strümpfe ausziehen
- Beine mit Franzbranntwein abreiben
- Po säubern und mit Mirfulan einreiben, wenn nötig

– Rolle zwischen die Beine
– rote Decke über die Füße
– Körnerkissen unter den linken Arm
– weiches Kissen einmal geknickt unter den rechten
– die Brille putzen
– Inhalieren – wenn nötig – mit Salbeitee
– Urinalkondom anlegen und Beutel anhängen
– Linkes Bein und linken Arm mit dem Massagestab massieren
– Linken Arm bewegen
– …

Ich telefoniere mit Krankenkassen, Ärzten, Rollstuhlfachkräften, mache Termine, plane die Tage, die Hilfen, organisiere Handwerker.

Er hasst sein Bett. Zu schmal, sagt er, ein Bettchen.

Stunden telefoniere ich mit der Krankenkasse. Das Bett ist zu schmal, sage ich. In der Nacht fällt sein Bein raus, das gelähmte, das Thrombosebein, das Bein mit dem Spitzfuß.

Tja, sagt die Dame am Telefon, ein Pflegebett ist dafür da, dass man in ihm pflegen kann.

Ob man darin schlafen kann, frage ich, zählt nicht?

Schlaf ist kein Heilmittel, erklärt sie mir mit nun schon einiger Ungeduld in der Stimme.

Ich finde Handwerker, die es breiter machen. Damit er die Arme rechts und links auf Schaumgummistreifen bequem ablegen kann, die Klingel, die Fernbedienung dort liegen können. Das Konstrukt gelingt. Aus alten Laken lasse ich Bezüge nähen.

Die neue Seitenplanke bricht, als ein Freund (er sei einmal Krankenpfleger gewesen, er könne das, hatte der Freund versichert) versucht, ihn hochzuziehen. Jetzt hat er Angst, aus dem Bett zu fallen. Ich baue aus Umzugskästen eine Begrenzung und lege ein schönes Tuch darüber – so hat er Schutz und einen Nachttisch, auf den wir eine elektrische Uhr stellen. Mit Leuchtzeigern. Er will auch in der Nacht wissen, wie spät es ist.

Genial, sagt er, so ist es gut.

Später lasse ich eine feste Barriere am Bett anbringen.

«Habe heute sicher sechsmal versucht, am Schreibtisch zu sitzen», steht im Tagebuch, «es hat nie länger als vier bis fünf Minuten geklappt, weil er ruft und mir zeigen will, dass er das linke Bein schon ein bisschen heben kann, oder es ruft die Frau gellend um Hilfe, die ihn aus dem Bett holen soll – fast hängt er schon mit dem Po am Boden, als ich angerannt komme; weil es klingelt an der Tür und ein Freund erscheint, um mit ihm Fußball zu gucken, der ein Bier möchte und unbedingt meine Anwesenheit, bis die Sendung beginnt, um nicht allein sein zu müssen mit dem, mit dem er nicht reden kann.» «Am Abend», so habe ich notiert, «gibt es Hackfleisch mit geschmorten Zucchini.»

Jeden Tag sitze ich mit der Uhr in der Hand. Um fünfzehn Uhr geht die Pflegerin. Dann muss ich da sein. Und bleiben. Jeden Nachmittag. War ich vorher weg, laufe ich zuerst in sein Zimmer, wenn ich zurück bin. Er freut sich, wenn ich komme. Da bist du ja. Wie oft hat er das früher am Telefon gesagt, wenn er mich erst nach mehreren Anrufen erreichte: Da bist du ja, wo warst du denn – seine schöne Stimme, das Timbre eines erotischen Teddybärs.

Jeden Nachmittag hole ich ihn aus dem Bett, schnüre die Schiene ans Bein, ziehe die Hose erst über das gelähmte, danach über das andere Bein, dann muss er sich mit der funktionierenden Hand an den Galgen klammern, damit er den Hintern heben und ich die Hose hochziehen kann. Jetzt fahren wir das Kopfteil des Bettes in eine fast senkrechte Position, er hält sich an meinem Nacken fest, während ich die Beine über den Bettrand schwinge. Er sitzt. Und ich knie vor ihm auf dem Boden, um ihm die Schuhe anziehen zu können. Ein mühsames Procedere, weil sein Körper versteift durch die Anstrengung. Irgendwann haben wir auch das geschafft – er zieht sich an der Stange vor dem Bett hoch. Er steht. Ich vor ihm. Halte ihn, während er sich leicht dreht, um sich in den bereitgestellten Rollstuhl fallen lassen zu können. Jedes Mal habe ich Angst, beim Drehen umzukippen mit ihm oder womöglich vergessen zu haben, die Bremsen am Rollstuhl festzustellen. Fast jedes Mal sage ich hinterher: Toll, ging doch schon wieder besser.

Einmal erklärt ihm ein befreundeter Arzt, dass es sicher noch Monate dauern werde, bevor er wieder laufen könne. Er weint. Und ich finde die richtigen Worte nicht, um ihn zu trösten.

Jeden Nachmittag sitze ich mit ihm, jeden Abend koche ich. «Es gab köstliches Hühnerfrikassee», steht im Tagebuch, «es geht uns gut». Oder: «Er trinkt angedicktes Wasser, einen ganzen Becher, zum ersten Mal. Zum ersten Mal konnte er das Pieseln kurz anhalten, zum ersten Mal hat er heute eine weiche Bulette gegessen. Ein schöner Tag, lauter Erfolge!»

Aber dann wird der Dekubitus schlimmer, er steht nicht mehr auf, liegt leidend im Bett. Ich tue, was ich kann, sagt er. Aber ich will nicht gequält werden. Ich hole den nächsten Arzt mit Reputation. Schon wieder ein eitler Kerl, der eigentlich keine Hausbesuche macht.

Aufschneiden, sagt er, Krankenhaus, sagt er. Dauert ungefähr zehn Tage, sagt er.

Nein, sage ich, nein sage ich, nein. Kein Schneiden, keine Narkose, kein Krankenhaus.

Männer mögen es bekanntlich nicht, wenn ihre Autorität angezweifelt wird. Und Ärzte schon gar nicht. Wie können Laien es wagen, eigene Entscheidungen zu treffen. Das frage ich mich auch, nachdem ich ihn hinauskomplimentiert habe, und recherchiere nervös. Wie behandelt man einen Dekubitus. Ich telefoniere, frage herum. Die Pflegerin erkundigt sich bei Kolleginnen. Wir bestellen ein Lammfell in der Apotheke, auf das wir ihn betten. Und entscheiden: Die Stelle vorsichtig reinigen, ganz sanft mit Eis abreiben, mit flüssigem Betaisadona betupfen, halbwarm trocken föhnen

Wochen und Wochen liegt er jeden Morgen auf der Seite und muss es zulassen, wie sein Hintern massiert, beeist, betupft und geföhnt wird.

Wie hält man das aus?

Und wie wahrt man dabei seine Würde?

Was ist Würde? Ein innerer Anstand, eine Geisteshaltung, eine zuverlässige Orientierung, Ausdruck einer «erhabenen Gesinnung», um Schiller zu zitieren? Also eher eine Errungenschaft als eine Eigenschaft, eher erworben als ererbt. Ist es ein feierlicher Respekt, den wir stolz und voller Demut zugleich uns selbst entgegenbringen? Wie lässt sich Würde fassbar machen? Ist es die Vorstellung, die wir von uns selbst entwickeln? Der Neurowissenschaftler Gerald Hüther spricht von einem inneren Kompass, den wir, so meint er, schon mit auf die Welt gebracht haben.

Würde bewahren, auch in Momenten, wenn das entzündete Loch im Hintern gepflegt werden, wenn man, ausgelieferter noch als zuvor, sich dreingeben muss.

Mehrfach wende ich ihn nun in der Nacht, ziehe ihn hoch, mache ihn sauber – nehme Schmerzmittel gegen den verrenkten Rücken. Ich lerne, ihn auf der Unterlage zu mir zu ziehen, um ihn auf die Seite wenden zu können, weiß bald, wie ich das neue Tuch rollen und von der anderen Seite ganz nah an ihn herandrücken muss, um ihn jetzt so schubsen zu können, dass er sich über die zusammengewickelte Unterlage dreht.

Er ist unglücklich, weil er mir so viel zumutet. Zumuten muss.

«Die Scheiße und das Sterben sollten unsichtbar sein», schreibt Annie Ernaux in ihrer wunderbar klugen, so persönlichen wie politischen Chronik Frankreichs und sich darin. Daran war bei uns nicht zu denken. Die

Scheiße ergoss sich, klebte an seinen Beinen, und das Sterben zog sich hin.

Mein Stuhlgang ist Scheiße, sagt er.

Ich grinse. Was soll er sonst sein, frage ich, Aprikosenkompott oder Himbeermarmelade?

Er schmunzelt, wir plänkeln.

Würde entsteht, so sagt es Gerald Hüther, weil das Hirn eine Orientierung brauche, an der es seine Arbeitsweise ausrichte. So entwickelt man ein Bild von sich, wie man sein möchte. Es wächst eine Achtung vor sich selbst, ein klares Verständnis der Anerkennung der eigenen Person wie des Gegenübers. Für mich hat Würde eine innere Anmut, eine Grazie, eine Harmonie zwischen Sein und Geste. Niemand, der Würde hat, muss eine Pose einnehmen, sich ein Bild überstülpen, weil er dem eigenen Ich nicht traut.

Der schon einmal zitierte große Psychoanalytiker Arno Gruen hat klug beschrieben, wie Pose entsteht. Ein Mensch, der den Weg nicht findet zu seinen eigenen Gefühlen, zu einem Selbst, wird nicht autonom, sondern angepasst leben. Wird sich der Gesellschaft unterwerfen, ihre Regeln übernehmen, sich selbst entfremdet bleiben. Was weder ihm noch der Gesellschaft guttut. Denn jene Menschen, die Leid, Schmerz, Gefühle abgespalten haben in sich, die keine Lebendigkeit fühlen, leben in der «Fixierung auf die Pose». Sie brauchen Macht, Ruhm, Geld, Zerstörung, um ihre «eigene, innere Leere zu füllen».

Für mich ist Würde das Gegenteil von Pose. Pose vergiftet. Würde heilt.

Würde ist kein Panzer, sondern eine Aura.

Würde heißt auch: Der oder die zu sein oder jedenfalls sein zu wollen, die man sein könnte.

Werde, der du bist, heißt es bei Pindar, dem griechischen Dichter, der etwa 500 vor Christus gelebt hat. Man kann es auch in Wolf Biermanns Übersetzung von Alexander Pope sagen:

«Krieg raus, wer du bist!
Und schnüffel nicht Gott hinterher!
Denn das, was die Menschheit ist,
Begreifst du am besten in dir.»

Nach einer Weile der erste Spaziergang, das erste Spazierenschieben auf der Straße. Er erkennt eine Frau auf einer Caféterrasse, hebt den Arm, der sich heben lässt, winkt ihr. Sie schaut – leicht befremdet – und redet weiter mit ihren Freunden.

Verzagt lässt er den Arm sinken. Sie erkennt mich nicht. Es gibt mich nicht mehr.

Er hat recht. Der Mann, der er war, war sportlich, sprachbewusst, redelustig, denkschnell, witzig; er radelte, spielte Tennis, liebte Frauen. Der Mann, der er jetzt ist, sitzt schmerzgebeugt im Rollstuhl. Der Dekubitus scheuert und sticht. Eine Seite ist gelähmt. Er sabbert leicht. Hustet viel. Ein lebensrettender Husten, weil der Speichel sonst in die Luftröhre und in die Lunge laufen würde und eine womöglich tödliche Lungenentzündung auslösen könnte. Wenn er sprechen will, krächzt er.

Menschen, die ihm früher entgegenströmten – er

war bekannt, das mochten viele –, gehen nun auf die andere Straßenseite, um ihm nicht begegnen zu müssen. Ob er es gemerkt, die Flüchtenden gesehen hat? Sie haben Angst. Angst vor Krankheit.

Vielleicht kannst du bei mir bleiben, wenn ich ihn besuche, und wenn du merkst, ich schaffe es nicht, führst du mich unauffällig hinaus.

Manche Menschen ahnen gar nicht, was für eine Zumutung sie sind.

Wieso hat er nicht jeden Tag getobt und geschrien, sich das Gesicht zerkratzt, nach mir geschlagen, nach der Pflegerin, wieso hat er sein Essen, sein Trinken nicht an die Wand geschleudert oder ausgespuckt, mir ins Steuer gegriffen, wenn wir (später haben wir auch das geschafft) im Auto fuhren, wieso hat er nicht ständig in die Hosen gekackt aus Protest. Er hat gewütet, gefaucht, mit seiner starken Rechten um sich geboxt. Aber er hat sich eben auch jeden Morgen gefreut, wenn ich in sein Zimmer kam, hat mich angelacht.

Würde, sagt ein Freund, heißt annehmen, was einem abverlangt wird, ohne seine Haltung dabei zu verlieren. Das gilt auch für mich.

«Seit einer Woche», steht in meinem Tagebuch, «habe ich das Haus kaum verlassen und bin klaustrophobisch. Seine Pflegerin ist krank. Die andere mag ich noch nicht alleine lassen mit ihm. Aber ich will raus, will durch die Stadt schlendern, will Leben sehen, fühlen, hören. Will Ablenkung, neue Bilder, neue Eindrücke. Will ein Draußen.»

Immer wieder will ich Welt. Aber wenn ich dort bin, weiß ich nicht so recht, was ich dort soll. Bleibe am Rand. Eine Schattenfigur. An losen Bändern nur festgemacht am Leben der anderen. Ich hole eine Freundin von einem großen Tee ab, auf dem sie eingeladen ist. Dutzende von Menschen sitzen und reden. Ich hätte, wird die Freundin später sagen, so dunkel fragend in die Runde geschaut, als sei ich in einem Aquarium voller Fische gelandet und wüsste nicht, wie ich dort atmen solle.

Immer will ich raus, weg. Wie er. Weg, sagt er, wenn ich frage, wohin er gehen würde, wenn er gehen könnte. Weg!

Als ich einmal mit einem Taxi zum Bahnhof fahre, fragt der gesprächige Fahrer, wohin es denn gehe. Weg, sage ich, schleudere ihm das Wort entgegen. Und gebe damit mehr von mir preis als mit jedem Ort, den ich genannt hätte. Weg von zu Hause, weg von ihm, von der Enge, der ständigen Verfügbarkeit.

Das Alleinsein wird für mich zum Sehnsuchtsort.

Würde heißt annehmen, was einem abverlangt wird, ohne seine Haltung dabei zu verlieren. Eine literarische Figur verkörpert für mich Würde in ihrer reinen Form. Stoner, der Protagonist in dem gleichnamigen Roman von John Williams. Ein Autor, der weiß, dass kaum ein Leben aus Glanz, Erfolg und Nachruhm besteht. Aber dass jedes Leben seine Würde, seine Sehnsucht, seine Unberechenbarkeit hat, seine Liebe und seine dramatische Banalität. Williams reizt es nicht, von der Oberfläche eines Lebens zu erzählen, sondern von seinem Binnenzustand, er begnügt sich nicht mit den äußerlichen Zutaten, sondern dringt vor zur Essenz des Menschseins. Und so erzählt er uns hier von einem Mann, dessen Liebe zur Literatur ihn befähigt, die heimtückischen Anschläge des Alltags auszuhalten. Der eine ergreifende innere Würde gewinnt, indem er äußerliche Demütigungen in Kauf nimmt, ohne sich beschädigen zu lassen. Immer mehr gelingt es ihm, innerlich frei zu werden, ohne äußerlich auszubrechen.

Vielleicht habe ich auch deshalb diesen Roman so andächtig gelesen und verschlungen zugleich. Weil auch ich in diesen Krankenjahren immer wieder versucht habe, mich innerlich zu befreien, ohne aus der Verantwortung zu fliehen. Da ich die Situation nicht ändern konnte, musste ich mich ändern, indem ich lernte, die innere Freiheit zu leben, während die äußere Freiheit schrumpfte. Ein hehres Ziel. Oft notiert. Und selten erreicht. Dem Lauern der Lebensverheerung, den Zumutungen des Alltags bin ich immer wieder kleinmütig erlegen. Kein Wunder, dass Stoner mein Held wurde. Einer, der von außen gesehen fraglos ein Verlierer ist, tatsächlich aber ein autonomer Charakter, ein widerspenstiger Sonderling, der triumphiert über die Welt der Macht, des Ansehens und der Bewunderung.

Als ich endlich begriffen hatte, dass er nicht krank war und genesen, sondern krank war und krank bleiben würde, habe ich mich wehren müssen gegen die Resignation, gegen die Versuchung zu kapitulieren, gegen die Gefahr, bitter, und die Sorge, einsam zu werden. Dem wollte ich entgehen. Das versprach ich mir. Ich wollte nicht hadern und nicht aus der Welt fallen. Ein guter Vorsatz. Nur wie ihn leben?

Hadern? Es macht einfach keinen Sinn zu fragen, warum ich? Welche Antwort erwarte ich denn? Dass ein Gott mich straft, ein Schicksal mir grollt, ich selbst schuld bin, mir einen Mann ausgesucht zu haben – ungebärdig, lebenshungrig, so empfindsam wie explosiv –, der munter in die Selbstzerstörung stürmte? Will ich feststellen, dass die Welt ungerecht ist – geschenkt. Soll ich nun, weil es mich getroffen hat, philosophisch die Frage nach der Weltgerechtigkeit stellen?

«Bitterkeit habe ich mir schlicht verboten» – so steht in meinem Tagebuch. Was für ein ahnungsloser Satz. Ich habe zum Glück klüger gehandelt als gedacht. Habe so oft wie möglich gearbeitet. Habe mir freie Zeit organisiert, Stundenpläne gemacht. Einmal am Tag musste ich das Haus verlassen und irgendwo in der Nachbarschaft einen Kaffee trinken, die Zeitung lesen, Leute anschauen. Damen mit Hündchen, schaukelnde Busen, junge eifrige Männer in zu eng geschnittenen Anzügen oder zu weiten Pullovern, junge Mädchen mit glatter Haut und im Sommer flatternden Röcken; ich beobachtete die hatschenden Alten, die Penner, die Bettler, die tobenden Kinder. Mit hungrigen Augen habe ich sie alle verschlungen.

Die Friseurin von gegenüber sitzt auf der Holzbank vor dem Salon und raucht eine Zigarette. Sie träumt von einer anderen Zukunft, will wieder in die Schule gehen, das Abitur nachmachen, Sprachen lernen. Sie hat einen dänischen Freund. Sie wird kündigen. Es ist ihr dritter Ausbruchsversuch. Mir bleibt nicht mehr viel Zeit, hat sie gesagt, als sie mir kürzlich die Haare schnitt, jetzt muss es klappen.

Ihr Kollege erzählt mir aus dem Leben seiner reichen Kundinnen. Gelangweilte alte Frauen, die mit ihrer Entourage ins Adlon ziehen, wenn zu Hause die Teppiche gereinigt werden. Die sonnenhungrig im gecharterten Flugzeug nach Cannes fliegen, um einen Tag lang in dem Haus einer Freundin aufs Meer zu gucken. Die Zofe hat kaum Zeit, die Koffer auszupacken, da geht es schon wieder zurück. Ein glanzvolles Leben, sagt er, zwei der Glanzdamen haben sich übrigens im letzten Jahr umgebracht.

Ich brauche Geschichten. Auch in Romanen ist es weniger die Handlung als das Gefühlsgestrüpp, in das ich mich wonnevoll hineinlese. Die subterranen Kanäle der Bewusstseinsströme, das in allen Schattierungen schimmernde Weiß des Zorns und des Verrats, die maulwurfblinde Entschlossenheit, mit der Wege genommen werden, die in den Abgrund führen. Und immer wieder die so beständigen wie ausdauernden Versuche, ein Glück zu finden oder gar eine Liebe und diese zu retten.

Gerade jetzt will ich Geschichten hören. Aus dem normalen Alltag, dem verrückten Alltag, egal, irgendwas. Einmal erzählt mir ein befreundetes Paar von der Krise, in der sie Monate gesteckt hätten. Wir wollten dich nicht belasten, sagen sie. Ich begehre auf. So sperrt ihr mich doch noch mehr ein in seine Krankheit.

Manchmal gehen wir zusammen mit der Pflegerin zum Markt. Danach mache ich meist Besorgungen. Radel in die Apotheke, zum Gemüsehändler oder ins Reformhaus. Einmal kaufe ich auf dem Rückweg eine chinesische Vase für die Klobürste im Gästeklo. Ich brauche kleine Freuden gegen das große Elend, das mich gerade am Morgen wieder gepackt hat, als ich das Mitleid in den Augen der Markthändler sah. Du strahlst die Schwere deines Schicksals nicht aus, hat eine Freundin mich gelobt. Ich will von der Schwere meines Schicksals nicht einmal etwas hören, will es nicht wissen.

Er kann jetzt den geschälten und geachtelten Apfel selbst essen, den ich ihm jeden Morgen in derselben geblümten Schale bringe, die ihm eine bayerische Geliebte einst schenkte. Er kann den angedickten Tee selber trinken. Später liegt er im Bett und kaut mit großem Behagen sein in kleine Stückchen geschnittenes Käsebrötchen. Jeden Morgen. Er kann kauen. Endlich kann er kauen. Nach drei oder vier Jahren wird die Magensonde entfernt, und er kann recht gut essen. Am liebsten hat er Püriertes aus Süßkartoffeln, roten Beten, Auberginen, Zucchini, Sellerie oder Kartoffeln. Er isst Gemüse ohne Kräuter – sie könnten hängen bleiben im Hals – und hellgold gebratene Bratkartoffeln.

Dieses zufrieden kauende Gesicht. Er kann zufrieden sein. Erst kürzlich habe ich von einer Untersuchung gelesen, die herausfand, dass selbst Patienten mit einem Locked-in-Syndrom, die nur noch mit den Augenlidern flattern können, im Durchschnitt nicht weniger zufrieden sind als Gesunde. Weil sie gehegt, gepflegt, geliebt werden? Weil es nur bedingungslose Hingabe gibt an ihre Genesung oder jedenfalls ihren Zustand? Weil sie wissen, nie alleingelassen zu werden?

Kleine Momente der Normalität. Ein Mann liegt im Bett und isst mit sichtlichem Genuss sein Brötchen, sitzt im Rollstuhl am Tisch und löffelt lustvoll mit leicht wackelndem Arm Zermanschtes.

Wissen Sie, sagt ein Freund, der schon lange lebt mit seiner kranken Frau: Es gibt viele Arten zu leben.

Es war eine Chance. Ich habe Jahre gebraucht, das zu begreifen. Er war schneller. Es ist mir, hat er einmal gesagt, es ist mir vielleicht noch nie so gutgegangen.

Meinte er den Satz, als er ihn sagte? Fühlte er sich befreit? Nur die Krankheit und er. Keine Erwartungen, keine Rolle, keine Bühne, kein Druck, keine Intrigen, kein Kampf. Herausgenommen aus der Welt. War es nur das eine Mal, dass er so fühlte? War manchmal eine tiefe Ruhe in ihm?

Er hat es nie wieder gesagt. Vielleicht hat er es nie wieder empfunden. Aber einmal hat es dieses Gefühl gegeben. Dieses Wohlsein. Und hat vielleicht einen kleinen Summton, einen Subton hinterlassen in ihm. Sodass neben dem Zorn und der Bitterkeit, der mutlosen Niedergeschlagenheit immer wieder auch Raum war für Behagen und Gelächter. Das Leben bleibt eben nicht in der Schublade liegen, in der wir es so gern unterbringen möchten. Es rumort, bricht aus, ist voller hell lebendiger Widersprüche. Zum Glück. Der gerade Weg bietet so wenige Überraschungen. Den stapft man ohne Neugier. Und wundert sich, wenn einem am Ende was fehlt. Auch versäumter Schmerz ist ein Mangel, wie ein Fehler im Lebensgewebe.

Ein bisschen bleibe ich dort, wo er nicht mehr sein kann. In der Welt. Und er lässt mich dort sein. Vielleicht aus Angst, mich sonst zu verlieren. Vielleicht ist er einfach großzügig. Oder klug, weil so ein bisschen Welt auch zu ihm kommt. Er mag es, dass ich arbeite. Ist froh, wenn ich abends ausgehe.

Ich komme früh zurück. – Warum? Bleib lange.

Und immer hat er Angst um mich. Er weiß, dass er ohne mich nicht existieren kann. Nicht so existieren kann, geborgen im Elend.

Bin ich dir lästig, fragt er oft.

Wie darauf antworten? Nicht mehr als früher, sagen und grinsen dabei. Es jedenfalls versuchen. Witz und Verzweiflung – strange bedfellows, die gern das Bett teilen, wenn man sie lässt und sich balgen um die Daunendecke.

Bin ich dir lästig?

Hin und wieder sage ich: Weniger als früher. Und auch das stimmt. Das Miteinander – seit Jahren verlorengegangen – haben wir jetzt. Die gemeinsame Herausforderung: In der Krankheit sein und im Leben bleiben. Ihn nicht vernachlässigen und auch nicht mich. Das ist die Gratwanderung.

Vielleicht, denke ich, vielleicht kann man wirklich so leben.

Und dann immer wieder die Wirklichkeit des Unglücks. Wenn ich ihm ein Blatt Papier mit ein paar groß gedruckten Zeilen hinlege und ihn bitte, sie mir vorzulesen. Wenn dann die Worte nicht in den Mund wollen, nicht auf die Zunge. Selbst wenn er es geschafft hat, sie zu entziffern. Sie bleiben auf dem Papier, verweigern sich, so gesprochen zu werden, dass ein anderer sie verstehen könnte. Dann sitzt er da und hört sich zu. Fassungslos. Und sagt die Zeilen, die Worte, ein Wort vor sich hin, immer wieder, immer leiser, immer verzagter. Die Zuversicht weicht aus der Stimme, aus seinem Gesicht. Er verstummt. In den Augen ein dunkler Kummer und eine Ahnung, dass es so bleiben wird.

Das sind vielleicht die schwersten Momente, wenn die Lust auf Zukunft von der Gegenwart aufgebraucht wird, wenn das düstere Jetzt uns beherrscht.

Den Kopf nicht hängenlassen, ermahne ich mich. Ein hängender Hals lädt ja unumwunden dazu ein, abgeschnitten oder ans Seil gehängt zu werden.

Was tun? Wie kann ich ihn erreichen? Wo ist er? Soll ich dir etwas vorlesen, frage ich, wollen wir Musik hören? Er schüttelt den Kopf. Er kann nicht einmal mehr wollen. Sitzt nur noch da in seiner grauen Verlorenheit.

Aber wir leben, sage ich. Als könnte das ein Trost sein.

Immer wieder will er nicht leben, wenn er sich nicht verständlich machen kann, sich ausradiert fühlt vom Bild der Welt, die er einst so raumgreifend bewohnte.

Er habe sich umbringen wollen in der Nacht, sich hinausstürzen wollen aus dem Fenster, aber der Weg sei so lang (als ob er einen kürzeren Weg schaffen würde).

Und warum wolltest du dich umbringen?, frage ich.

Weil alles sinnlos ist.

Das ist nicht neu, sage ich, sinnlos war das Leben für dich auch vorher schon – aber darf ich dich zitieren: Man braucht einen Hilfssinn im Leben, und das sind andere Menschen. Ich bin ein anderer Mensch, also bin ich Lady Hilfssinn.

Er grinst. Und so plaudern wir und lachen. Er isst eine Birne und einen Apfel, scheißt hingebungsvoll, trinkt einen Becher angedickten Tee, hustet wenig.

Er kann sich ja nicht einmal umbringen. Weil er das Fenster nicht allein erreichen, die Tabletten nicht horten, sich vor kein Auto werfen oder von einer Brücke springen könnte. Jahrelang hat er gesagt, bald sei er so weit, «dann kann ich es tun». Aber wenn ich in seine Verzweiflung hineinflüstere: Du kannst mich doch nicht allein lassen, und er erklärt, er lebe doch ohnehin nur noch für mich, möchte ich mich ans offene Fenster stellen, mich weit hinauslehnen und sehr laut HILFE schreien.

Am Abend der Satz: In dieser Nacht werde er sich wohl nicht umbringen.

In der anderen Welt beginnt an eben dem Tag die Buchmesse.

Es tut weh, sich wieder hineinzufühlen in die Zeit. Der alte Schmerz kommt zurück, quartiert sich ein, macht sich breit, will wieder dort sein, wo er sich so lange heimisch gefühlt hat, tut so, als hätte er ein Gewohnheitsrecht, setzt sich ins Brustbein und wartet, lauert auf meine Schwäche. Wird schon klappen, denkt er wohl, da war ich doch immer, da gehöre ich hin.

Lange lasse ich mich – ich wiederhole mich, weil es sich wiederholte – kosend von der Hoffnung umtändeln. Er wird wieder gehen, er wird wieder sprechen, sagt ein Arzt, der mir als Koryphäe auf seinem Gebiet geschickt wird, und erklärt mir mit klugen Worten die Plastizität des Gehirns, das imstande sei, neue Vernetzungen aufzubauen. Ich strahle den Heuchler dankbar an. Ich will das alles glauben. «Der linke Arm und die linke Hand sind leider mausestill», schreibe ich an eine Freundin, «aber ich höre, die Hand komme immer am letzten zurück.»

«Wir machen es uns gemütlich», steht im Tagebuch. Ein so friedlicher Satz. Als gäbe es eine Normalität. Wie heißt es in Fontanes Effi Briest: «In Wahrheit ging die Krankheit weiter und zehrte still das Leben auf.»

Das war die Normalität. Wir mussten lernen, uns zu verändern, mussten lernen, weniger Erwartungen zu haben, nein, andere Erwartungen zu leben. Uns zu verabschieden von angeblichen Gewissheiten, eine neue Beziehung zur Welt finden. Eine neue Lebensfreude. Menschennähe. Nicht untergehen. Offenbleiben. Fenster schlagen in den Kerker Krankheit. Wir hatten das Glück und Privileg, genug Geld zu haben für eine große Wohnung, die großartige Pflegerin, für Gäste, ordentlichen Wein, Therapeuten, Ärzte, Annehmlichkeiten. Raum und Zeit, hatte er früher oft gesagt, seien der Luxus des Alters. Nur, wie füllt man Raum und Zeit, wenn Krankheit einen täglich ausraubt.

Er war mir lästig. Er hat mein Leben eingeschränkt, und ich konnte mir ein Leben ohne ihn nicht vorstellen. Heute bin ich frei, kann raus, kann weg, kann die Stadt entdecken, ins Kino gehen und kann sogar reisen, kann mein zerschrammtes und schrundiges Ich in die Welt schicken. Aber die Leere bleibt, die Leere, wenn niemand mehr neben mir atmet, der mir lästig ist.

Er kann inzwischen fernsehen. Er mag es sogar. Als wir den Apparat in der Rehaklinik zum ersten Mal anstellten, hat er geschrien und angstvoll getobt. Offenbar konnte sein Kopf die Bilder nicht ordnen. Er geriet in Panik. Heute sucht er sich aus, was ihn interessiert, kann die Fernbedienung selbst handhaben. Zappt durch die Programme. Jeder Hauch von errungener Selbstbestimmung beglückt. Als er einen Film über eine erfolgreiche, sterbenskranke Anwältin anschaut, die sich am Ende von einer Brücke in den Tod wirft, bevor der sie holen kommt, ruft er mich. Er erzählt mir den Film, und ich soll ihm zuhören. Er will mich in seinem Schmerz. Das ist meine Geschichte, sagt er, das ist genau meine Geschichte. Und weint. Ich widerspreche, natürlich widerspreche ich, wie ich immer widerspreche, wenn er mutlos ist. Spreche ihm all die Jahre Mut zu, auch dann noch, als ich selbst keinen mehr habe. Seine Krankheit, sage ich ihm jetzt, sei ja ganz anders. Bei ihm könne vieles besser werden und sei ja schon so vieles besser geworden. Deine Geschichte, sage ich, ist das nun gar nicht.

Lass mich doch einmal traurig sein, bitte.

5. KAPITEL

Sein und Wohnen

Teppiche kommen in den Keller
Es rollt sich nicht gut auf ihnen

ALS ER KRANK WURDE, wohnten wir noch nicht. Es gab einen Dachboden, einen «Rohling» mit vielen Wäscheleinen und Dachluken, die man mit Eisenstäben öffnen konnte, es gab Pläne und Baugenehmigungen, Voranschläge und Kreditverträge, es gab Handwerker und alarmierte Nachbarn – und jetzt gab es dazu den todkranken Mann auf der Intensivstation.

Und was geschieht nun?, fragt der künftige Bauleiter zwei Tage nach dem ersten Schlaganfall. Der kleine Mann schaut mich prüfend an.

Wir bauen, erkläre ich kühn. Er scheint mich zu verstehen und nickt. Er liebt dieses Dach, sage ich, wir müssen bauen.

Es war nicht klar, ob er überleben, aber es war klar, dass ich bauen würde. Gäbe ich das Vorhaben auf, zerstörte ich seinen Traum. Und er würde jeden Traum brauchen, um gesund zu werden. Damals dachte ich noch, er könne gesund werden.

Er hatte sich vom ersten Moment an in dieses Dach verliebt, das einem Handwerker gehörte, der dort gewerkelt hatte. Überall lagen noch seine Feilen und Zangen, die Einmaulschlüssel und Meißel, die Sägen und Zwingen, die Bohrmaschine und Spachtel, und Kästen mit Nägeln und Kästen mit Schrauben in allen möglichen Größen. Alles war so penibel geordnet, wie es sein muss in einer guten Werkstatt. Es roch nach Leim und Holz.

Wie bei seinem Vater, der Tischler gewesen war und Intarsienkünstler. Der Kästchen, Nachtclubtüren und Altarbilder, Schachspiele und impressionistische Holzbilder geschaffen hatte. Und einen Bibeleinband von einer so heiter strengen Schönheit, dass man das Buch darin gerne aufschlägt.

Einmal hatte dieser Vater an einem ziseliert gearbeiteten Schränkchen gesessen und den Fehler gemacht, seine Frau zu fragen, für wen das Stück denn sei. Sie wollte nicht antworten, ahnte wohl die Folgen. Ein Geschenk von X für Göring, sagte sie schließlich. Er muss sie ungläubig angesehen haben und erklärte natürlich, dieser herrlich sture Anstandsmensch, dass diese Arbeit leider unverkäuflich sei. Acht Monate ist er dafür ins Gefängnis gegangen. Für eine kleine heroische Geste. Und dann gab es den Pfarrer Augustinus Winkelmann im Kloster Marienthal am Niederrhein, der gefährdeten Künstlern Aufträge gab für seine Kirche. Damit sie leben, ihre Familien ernähren konnten. Sein Vater hat ein leuchtendes Triptychon für den Altar geschaffen.

Als er schon krank war, haben wir einmal einen so komplizierten wie schönen Ausflug in seine Kindheit unternommen und auch das Kloster besucht. Die Pflegerin und ich haben ihn die drei geländerlosen Stufen hinaufgehievt zum Altar – und dann stand er dort, streichelte die kunstvoll ineinandergefügten Intarsien seines Vaters, strich immer wieder mit seiner wackelnden Hand über Alpha und Omega, über Fische und Kreuze, die aus dunklem Grund in hellem Kirschholz erstrahlten.

Als er in das Dach kam, kam er in die Werkstatt seines Vaters. Kam zu seinem Vater, den er geliebt hatte.

Ich musste bauen.

So plante ich nun eine Zukunft, von der ich nicht wusste, ob es sie geben würde. (Als ob man das je wüsste.) Es gab die Möglichkeit des Todes und die Möglichkeit des Wohnens. Und ich habe sein mögliches Sterben und mein entschlossenes Zukunftsbauen wie zwei Sternenbahnen empfunden, die sich – in der ewigen Parallelität gefangen – nie treffen können. Ich lebte mit der Schere im Kopf, die jeden Faden zerschnitt, der sich frech von einem der Orte zum anderen ziehen wollte.

Erst einmal muss ich alles lernen, was seine Aufgabe gewesen wäre: Versicherungen, Finanzierungen, Arbeitsverträge. Ich studiere Revit-Pläne, die ich nicht verstehe. Ich entscheide Fenstergrößen, Türhöhen, Steckdosenplätze, Durchbrüche, Gasleitungen, Dielenböden, Elektrokreise, Wasseranschlüsse – später dann Fliesen, eingefärbte Betonböden, Wasserhähne, Duschköpfe.

Jeden Morgen zwischen sechs und sieben rufe ich im Krankenhaus an. Meist sind die Antworten entmutigend. Schlechte Nacht, schwacher Puls, zu geringe Sauerstoffsättigung, was Hirn und Herz beschädigen könnte. Oder er hat sich Schläuche und Kanülen aus dem Körper gerissen. Sie haben ihm die Hände angebunden. Was er natürlich nicht erträgt. Sie versuchen es mit dicken Handschuhen, mit denen er nicht wirklich hantieren kann. Später, nach dem zweiten Schlaganfall, ist ein Arm ohnehin gelähmt. Da brauchen sie nur noch einen Handschuh.

Nach dem Telefonat radele ich zur Baubesprechung und fahre dann ins Krankenhaus. Immer habe ich es eilig. Ich muss wissen, wie es ihm geht, muss ihn sehen, ihn anfassen, bei ihm sein, ihn streicheln, im Gesicht, auf der Brust, am Arm, muss seine Hand halten.

Auch noch, als er im Koma liegt.

Jetzt müssen Sie nicht mehr kommen, sagt der Arzt. Es hat keinen Sinn.

Unsinn, denke ich. Und sitze jeden Tag dort, um ihm vom Dach zu erzählen.

Heute haben sie die ersten Wände weggeschlagen, sage ich, weißt du, die hinten, wo es den Gang in dein Zimmer geben wird. Den Bauschutt lassen sie in großen Taschen am Seil mit der Winde herab, die du unbedingt behalten wolltest. War eine kluge Entscheidung. Und auch die Wand vorne in der Küche ist schon fast weg. Das wird ein sehr großer Raum. So wie du es liebst. Der ganze Boden ist aufgerissen, wir müssen neu dämmen. Wir suchen nach einer Lösung für die Gasleitung. Sie muss ja durchs ganze Haus gehen. Aber stell dir vor, wir kriegen einen Kamin. Der alte Luftschacht funktioniert. Das Gerüst am Haus ist schon fast fertig. Und jetzt haben sie Asbest im Dach entdeckt. Gestern balancierten drei Gestalten in weißen Schutzanzügen da oben herum. Abenteuerlich sah das aus. Was für Kacheln sollen ins Bad? Rot oder grün? Na ja, so weit sind wir noch nicht, das hat noch Zeit. Findest du eine eckige Gaube schöner oder eine halbrunde? Ich rede, erzähle, beschreibe, frage. Er muss inzwischen beatmet werden. Manchmal weine ich.

Im Rückblick sehen diese Szenen aus wie absurdes Theater – verzweifelt grotesk und komisch. Da liegt ein womöglich sterbender Mann im Koma, und die Frau erzählt ihm von Gerüsten und Gasleitungen, von Schutt und Fensterbögen, von Dachanhebungen und Zementanlieferungen und von den Bedenken vom Bauamt. Sie baut dieses Dach. Und will es bauen mit ihm. Vielleicht fing ja da alles an, vielleicht hat sich da schon die neu erwachende Liebe, von der noch die Rede sein wird, ins Geschehen geschlichen.

Ich erzähle ihm nicht von der amtlichen Fürsorgepflicht, die ich für ihn beantragen muss.

Ich kaufe alte Türen, bestelle Bücherregale und entscheide mich für ein barrierefreies Bad. Mein Unterbewusstsein weiß offenbar mehr als ich. Ich konferiere mit Gewerken, entscheide, ob die Säulen rund oder eckig werden und wo die Herdplatten eingelassen werden sollen in den Küchentresen. Und schreibe jeden Abend im Bett mit spitzem Bleistift fein säuberlich auf, was ich am Tag beauftragt und was bezahlt habe.

Wenn man sich eine Wohnung baut, muss man Wohn- und Lebenserfahrung hineinbauen. Eine Zärtlichkeit für Materialien, eine Freude an Blickachsen, eine Lust an Formen. Sollte das von sich hineinbauen, mit dem man später wohnen möchte.

Architekten erzählen manchmal, wie schwierig es sei, Bauherren Informationen über sich zu entlocken. Die Antworten seien oft dürftig, wenn man frage, wie sie leben, wie sie wohnen wollten mit sich und dem Alltag. Es sei, als kennten sie ihr eigenes Leben nicht.

Als wir Richtfest feiern, liegt er noch im Krankenhaus. Wir holen ihn mit dem Krankenwagen und zwei Sanitätern ins Dach. Soll ich ein paar Worte sagen, fragt er, und dann hält er eine Rede. Vor dreißig oder vierzig Menschen. Ich übersetze. Ich weiß nicht mehr, was er gesagt hat. Aber ich weiß noch, wie ich seine Kraft und seine Courage, seine Würde bewundert habe. Und wieder einmal dachte: Eine zweite Chance. Ein neuer Anfang. Und ahnte am Richtfest nicht, wie wichtig werden würde, was wir hier gerade feierten: das Wohnen.

Man muss sich seine Wohnung er-leben, bevor sie zu einem Zuhause wird. Muss sich der Launen früherer Mieter entledigen oder in neue Räume das hineinsummen und hineinatmen, was man dort später spüren möchte. Gaston Bachelard spricht in seinem Buch ‹Die Poetik des Raumes› von der «Poesie des Wohnens».

Aber wie gestaltet man ein Wohnen mit Gebrechlichkeit, mit Krankheit. Für jemanden, der nicht mehr zu Hause ist in seinem Körper, sondern von ihm bedroht. Der Orientierung braucht und Sicherheit. Für den die Wohnung ein zuverlässiger Ort werden muss, ein Ort, dem er vertrauen kann. Ein Schneckenhaus, in dem er seinen empfindlichen Leib bergen kann. Wie schafft man ein Zuhause, in das Hoffnung und auch Todesgemurmel mit einziehen werden. Wie richtet man sich ein, ohne zu heucheln. Wie versöhnt man Pragmatik mit Ästhetik?

Welche unabdingbaren Gerätschaften stehen herum, wo werden nicht Bilder aufgehängt, sondern Laufstangen errichtet und die Pfosten dafür mit kreischenden Bohrern in die neuen Dielenböden gedübelt. Und dann stellt man einen Spiegel mitten ins Zimmer, der die Geometrie des Raums gründlich verpatzt, ihm aber ermöglicht, sich zu sehen, sich zu überprüfen, wenn er an der Stange das Aufstehen übt.

Teppiche kommen in den Keller. Es rollt sich nicht gut auf ihnen.

«Es muss davon gesprochen werden», so Gaston Bachelard, «wie wir unseren Lebensraum in Übereinstimmung mit allen dialektischen Prinzipien des Lebens bewohnen, wie wir uns Tag für Tag in einen Winkel der Welt verwurzeln.» Was zeigt eine Wohnung von uns, von der Krankheit. Wie viel Krankheit darf sein im Raum. Wir stellen uns der Wirklichkeit, aber wir stellen uns nicht aus. Windeln, Pinkelflaschen oder Urinbeutel sind nicht zu sehen. Selbst die Medikamente sind untergebracht in einer großen Holzkiste, in der uns einst jemand sechs Flaschen Rotwein schenkte. Überall gibt es Tücher, die das Bittere seines Zustands ein wenig verhängen. Bachelard schreibt: «...von den verschiedensten theoretischen Standpunkten aus betrachtet, scheint das Bild des Hauses zur Topographie unseres intimen Seins zu werden.»

Ich kannte einmal eine Frau, die das abgeschabte Sofa und den verschlissenen Lehnstuhl in ihrer Wohnung nicht neu bezog, weil der kranke Mann sie ohnehin bepinkeln und bekleckern würde. So wartete die liebende Gattin mitten in den fadenscheinigen Stoffen auf seinen Tod, um alles erst dann und nur für sich neu polstern und beziehen zu lassen. So nimmt man Kranken ihre Würde und merkt nicht einmal, wie die Schäbigkeit in einen selbst hineinkriecht. Auch das muss man üben: Den Kranken als Subjekt sehen, ihn achten wie (hoffentlich) sich selbst. Die Frage der Würde begleitet einen in Zeiten wie diesen fast täglich.

Ich war zornig, wenn ich ihn mit fleckigem Unterhemd im Bett liegen fand, weil ein Pfleger zu bequem gewesen war, ihn umzuziehen nach einer Sudelei. Fast rabiat zog ich ihm das Hemd aus, ein neues an, darüber ein T-Shirt und dazu eines der farblich passenden kleinen Frotteetücher, die er brauchte, um sich den rinnenden Speichel abzuwischen. Ich habe ihn und mich und die Wohnung gepflegt. Es gab Kerzen, Blumen, saubere Rollstühle. Ich habe mich täglich geschminkt. Ich wollte nicht den Geruch von Krankheit in der Wohnung.

Diese Mischung aus Mief und Urin, die sich so leicht festsetzt und aufs Gemüt legt.

In einem Interview erklärt ein kanadischer Professor, der über Riechen und Schmecken forscht, den neuroanatomischen Grund für die Beziehung zwischen Riechen und Gefühl. «Die Riechzentren Ihres Gehirns sind … identisch mit den Bereichen für die Formation von Gedächtnisinhalten und Emotionen. Es gibt da keinen Umweg über die zentrale Schaltstelle des Thalamus – wie etwa beim Sehen oder Hören.»

In seiner Reha stank es. Nach Rosenkohl, billigem Fett und Fäkalien. Das Gebäude zu betreten war eine Zumutung. Schlimmer, es war ein Anschlag auf die Lebenskraft. Wer soll bitte in solchen Ausdünstungen gesund werden. Auch deshalb wollte ich ihn dringend nach Hause holen. In ein Zuhause, das es noch nicht gab.

Als er krank und die Wohnung zur Welt wurde und zum Schutz vor der Welt, und in ihr das Leben bedroht war, brauchten wir einen Raum, der uns aushielt. Dessen Poesie unseren Schmerz aufnahm und unsere Zärtlichkeit, unser Geschrei und unser Schweigen. Der uns festhielt, wenn wir zu stürzen glaubten, und uns tröstete in seiner Geduld und seiner Schönheit. Ja, wir brauchten einen geduldigen, einen schönen, einen generösen Raum für die Wahrheit und Dichtung unseres Lebens

Das war die Herausforderung.

Als ich einmal in einer Runde von Freunden gefragt wurde, ob ich ein Hobby hätte, wollte ich die Frage unwillig abschütteln. Ich mag das Wort nicht. Denke an Hobbykeller und nervöse Vorbereitungen für Partys mit Nudelsalat. An Bierabende von Stammtischvätern und angestrengt schlüpfrige Lustigkeit. Und doch antwortete ich zu meinem eigenen Erstaunen nach nur kurzer Unschlüssigkeit: Wohnen. Und hatte keine Ahnung, was ich meinen könnte.

Vor Jahren ist mir eine ähnliche Frage schon einmal gestellt worden. Was ist Ihre Passion? Essen, sagte ich und wusste genau, warum ich es sagte. Ich esse leidenschaftlich gern. Muss fast jeden Morgen neu entscheiden, mit welchem Geschmack ich den Tag beginne. Mit Tomate, Marmelade, Käse oder einem gekochten Ei? Also muss ich vorschmecken. Den Gaumen in Gedanken ankitzeln. Ich brauche den richtigen Geschmack am Morgen, weil sich sonst unweigerlich später Unmut in Kopf und Magen ausbreitet. Und dann muss auch noch die Frage geklärt werden, wo ich sitze, um das Brot mit dem Ei oder der Marmelade zu essen. Setze ich mich an den großen Esstisch oder den kleinen Küchentisch? Ich mag beide Tische. Aber es hängt ab von der Mühe, mit der ich mich gerade am eigenen Schopf aus der Nacht in den Morgen gezogen habe, ob ich Lust auf diesen Tisch habe oder auf den anderen, und ob ich lieber sitze auf der kleinen Bank mit dem bunten Kissen oder auf dem Stuhl mit dem geflochtenen Sitz. Und dann muss ich auch noch entscheiden, auf welchem Teller ich mein Frühstück essen möchte. Auf dem geblümten vom Trödler oder dem nacktweißen von IKEA. Im Winter nehme ich fast immer den geblümten. Ich will mich jetzt nicht selber verwirren mit meinen Frühstücksticks, indem ich sie hier alle notiere, und dabei die Frage aus dem Auge verliere: Ist Wohnen meine Leidenschaft?

Was meinst du, fragt eine Frau in der Essensrunde. Einrichten oder was?

Na ja, einrichten muss man ja wohl, wenn man wohnen möchte. Aber ich meine tatsächlich Wohnen: Ich wohne gern. Ich liebe es, zu wohnen. Ich bin wohnsüchtig. Wohnen ist für mich ein existenzielles Gefühl. Es ist viel mehr als nur das Dach über dem Kopf, die Tür zur Welt, die sich schließen lässt, der Vorhang am Fenster, die eine rote Kachel im weißen Bad, die Kastanie im Hof, das Katzengeschrei in der Nacht, die Straßenbahn vor dem Haus. Wenn ich wohne, wohnt alles, was in mir webt und tobt und klagt, alles, was in mir vibriert. Die MenschenLust, die Hektik, die Liebe, die Einsamkeit, die Hilflosigkeit, die Schönheit. Alle haben im Wohnen ihren Platz. Auch der Trost. Manchmal sitzt genau er in der einen roten Kachel im weißen Bad oder in der bronzenen Klinke an der Tür, in den Steinen, die ich gesammelt habe an Ferienstränden; er sitzt in der Nische mit der amerikanischen Keramik aus den zwanziger Jahren oder in der Wärmflasche, die mit heißem Wasser gefüllt schon im Bett auf mich wartet.

«In seinen tausend Honigwaben», schreibt Gaston Bachelard, «speichert der Raum verdichtete Zeit.» Wohnen und Sein gehören für mich zusammen, erkläre ich – nicht ohne Zweifel an meinem eigenen Satz.

Zu Hause sein?, fragt einer aus der Tischrunde.

Ich nicke. Aber ich wohne ja nicht nur zu Hause.

Wenn ich an das Zuhause meiner Kindheit denke, kommt mir fast nie das Bild des Hauses vor Augen, in dem ich aufgewachsen bin; es taucht auf eine kleine Vertiefung in einer Wiese neben einem Weg, auf dem fast nie jemand ging. Dort hockte ich mich hin, schmiegte mich ein in sie und kaute gutgelaunt auf sommerwarmen Grashalmen. Ich kann mich nicht erinnern, gedacht oder mich Träumereien hingegeben zu haben. Es scheint mir im Rückblick, als habe das Kind einfach sein können. Im hohen Gras allein mit sich. Geblieben ist das Gefühl einer kleinen warmen Lebendigkeit. Als hätte ich dort für Momente den Ort der schönen Ruhe gefunden, nach dem ich später immer wieder suchte.

War es das, was ich mit Wohnen meinte? Ein Gefühl der Zuflucht? Oder ich sitze in der Gabelung eines großen Baumes. Versteckt im Laub. Ungesehen, aber mit Blick auf das Haus, in dem ich ein Zimmer habe, mein Kinderzimmer. In dem ich später so viele Monate fast bewegungslos liegen sollte.

Dort oben auf dem bequemen Ast in den Blättern gab es wieder dieses erfreuliche Gefühl, gern da zu sein.

Es war der Park, in dem ich aufwuchs, in dem ich bin, wenn ich an zu Hause denke. Dieser dem Heidesand abgetrotzte riesige Garten mit seinen mächtigen Bäumen, seinen Rhododendrenhecken, seinen Fliederbüschen und Gemüsegärten mit Himbeer-, Brombeer- und Stachelbeersträuchern, seinem Spargelfeld und seinen Obstbäumen – Mirabellen, Äpfel, Birnen, Pflaumen und Kirschen –, mit seinem feuchtwarm dunstigen

Treibhaus, mit dem erregenden Geruch nach Erde, in dem ich lernte, Pflanzen zu pikieren.

Als mein Großvater das sandige Areal kaufte, gelegen am Fluss vor den Toren der Stadt, haben ihn seine Freunde ausgelacht. Was er denn wolle mit all dem Sand und den krüppeligen Kiefern. Er war ein sturköpfiger Mann. Hat ganze Lastwagenkolonnen von Muttererde anfahren lassen und einen Park geplant, gepflanzt, gehegt. Hat Schönheit geschaffen. Dieser so gestrenge Mann, in dessen kantig kargem Gesicht keine sinnliche Freude zu lesen war, hat mein Zuhause geschaffen, die Wege und Wiesen und Bäume, in denen ich das Wohnen lernte. Mir Grashöhlen baute. Mit kurzen Kinderarmen unermüdlich abgemähte Halme an meinen geheimen Ort unter eine Hängebuche schleppte, um mir ein Grasbett zu schichten.

Nach dem Abend mit den Freunden, an dem ich Wohnen als meine Passion entdeckt hatte, ging ich durch ein leichtes Schneegestöber nach Hause. Die Kühle tat meinem heißen Kopf gut. Warum hatte ich mich fast intim in dieses Thema hineingeredet? Welche Sehnsüchte, welche Phantasien projizierte ich in mein Wohnen?

Ich wusste nicht, dass viel mehr steckte in dem Wunsch nach schönem Wohnen als der Wunsch nach schönem Wohnen, dass meine leidenschaftliche Wohnsucht eine Antwort war auf kindliche Heimatlosigkeit. Wohnen als nachgeholte Lebenswärme, als Flucht vor existenziellem Unbehaustsein.

«Das Wohnen aber ist der Grundzug des Seins, demgemäß die Sterblichen sind» – der hohe Ton Heideggers ist nicht meiner. Aber ich ahne jetzt, was er meint. Die Verbundenheit vom Menschen mit seinem Wohnen.

Als er krank wurde und krank blieb, als ich die Wohnung baute und das Wohnen mit ihm übte darin, als jedes Zimmer eine Antwort wurde auf die Herausforderungen des gebrechlichen Lebens, wollte ich ein Bollwerk schaffen gegen die Zumutungen der Krankheit und manche Seelenfurcht.

Schützt Wohnen vor Verlassenheitsgefühlen? Vor Verzagtheit? Weil die Verlässlichkeit von Lampe und Lesestuhl, von Schreibtisch und Bett, weil die Erinnerung, die an der mitgebrachten Schüssel aus Portugal hängt, Trost sind. Weil das Bild sich freut auf meinen Blick. Weil der Dielenboden meinen Tritt kennt? Die Teekanne meine Hand. Weil mein Kaffeebecher weiß, wo er zu stehen hat auf der Fensterbank, weil die Blumen in den Kästen nur für mich blühen, weil die Butter streichfertig wartet auf mich auf dem Küchentresen. Weil meine Wohnung mich sein lässt, wie ich sein will. Wie mein Körper sich geschmeidig und lässig bewegt in meinen Räumen. Wie die Füße den einen oder anderen Hüpfer wagen, wie die Straßenfrau sich wandelt zur Wohnungsfrau. Ohne Schuh und Mantel, leichter die Kleidung, behänder der Schritt. Wie das kochende Wasser die Beruhigung eines Tees verspricht, wie sich hier auch die Briefe vom Finanzamt öffnen lassen, die man auf dem Weg im Hausflur unter die andere Post mischt, um sie ein bisschen zu vergessen.

«Das erlebte Haus ist keine leblose Schachtel», sagt

Bachelard. Zwar wohnen wir ja alle nicht nur zu Hause, sondern auch – wie ich – grashalmkauend in Wiesennischen oder in Baumgabeln, wir wohnen in Büchern, Betten, Straßen, Kneipen, liebsten Menschen, in Zügen, Phantasien, Träumen, Filmen oder in Düften. Mäandern durch ZuhauseGefühle, die wir wahrlich nicht immer oder nur zu Hause haben. Aber wir wollen wohnen, wollen unsere Höhlen, suchen Schutz für unsere Existenz, Wohlbefinden an einem Ort.

Als er krank wurde und krank blieb, habe ich wohl erst wirklich zu wohnen begonnen, als die Welt ferner und unerreichbarer wurde, als die Schutzlosigkeit mich zu zermahlen drohte und ich Deckung suchte, Hüllen, Obhut. Als ich jeden Trost, jede Vertrautheit, jede Gewohnheit brauchte.

Vor einigen Jahren saß ich auf einem Abendessen einem Mann gegenüber, der erzählte, er wolle jetzt, nach dem Tod seiner Frau, aus seinem Haus ausziehen. Was ihm schwerfalle. Auf meine Frage, wie lange er denn dort gelebt habe, sagte er: fünfzig Jahre. Wie schrecklich – entfuhr es mir ungalant. Zum Glück sagte ich nicht, wie ungern ich einziehen würde in so ein Haus. Wie anstrengend, ja kraftraubend muss es sein, fünfzig Jahre fremdes Leben wegzuwohnen. Vor allem aber war es mir unvorstellbar, ein halbes Jahrhundert lang in ein und demselben Haus, in ein und derselben Straße, in ein und derselben Stadt gelebt zu haben. Jeden Morgen aus derselben Haustür gehen und abends wieder hinein. Jeden Morgen gen Osten zur Straßenbahn laufen und abends gen Westen zurück. Jeden Tag in denselben Läden einkaufen (wenn die es denn schaffen, so lange zu bleiben), jeden Tag derselbe Blick aus demselben Fenster auf das geziegelte Garagendach des Nachbarn, jeden Tag neun Schritte vom Schlafzimmer ins Bad und zwölf vom Schreibtisch in die Küche. Jeden Tag die Hand auf derselben Klinke. Jeden Tag dieselben reflexhaften Bewegungen. Ich sah abblätternde Farbe, welkende Haut, fadenscheinige Teppiche, schüttere Haare, vermodernde Kellerverliese, altersfleckige Hände auf rostenden Wasserhähnen, morsche Beine auf morschen Treppenstufen – ich war ungerecht.

Und musste mich fragen: War es tatsächlich das Gefühl der tristen Ödnis oder auch ein heimlicher Neid, der mich befiel? Denn wieso wehre ich mich gegen Gewohnheit und brauche das Wohnen als unersetzliches DaSeinsGefühl. Wenn wir von gewohnter Lebensweise sprechen, von gewohnter Umgebung, reden wir davon, mit der Lebensweise, der Umgebung vertraut zu sein. Wir haben eine Weile in ihr gewohnt. Ist also jedes Wohnen die Vorstufe zur Gewohnheit? Die schöne Regelmäßigkeit des gedankenlosen Trottens auf x-mal gewanderten Pfaden, des automatischen Griffs, mit dem man immer das in die Hand bekommt, was man erwartet hat. Wehe, jemand hat den Sender des Radios im Bad verstellt, und es kommt am Morgen ein Programm, das man nicht will.

Gewohnheiten sind beruhigend. Und ist man auf Reisen gewesen, hat in fremden Städten gearbeitet, in Hotels übernachtet, ist in Bussen gefahren, deren Route man nicht kennt, hat in Lokalen fremde Gerichte gegessen, dann freut man sich auf sein Zuhause, aufs Wohnen in der Gewohnheit.

Wenn ich länger weg gewesen bin, empfängt mich meine Wohnung allerdings fühlbar schmollend. Vielleicht weil ich mich nicht gebührend verabschiedet habe, wie ein Freund es zu tun pflegt. Immer klopft er vor seiner Abreise an eine Wand seiner Wohnung oder an die Haustür. Tschüss, sagt er, bis bald, und winkt noch einmal von der Treppenstufe nach oben.

Wohnungen sind kapriziös. Sie wollen wahrgenommen und nicht vernachlässigt werden. Sie können nur umhüllen, trösten, bergen, beleben, sie können uns nur willkommen heißen, wenn wir mehr in ihnen sehen als ein Gebrauchsgut. Sie sind eine zweite Haut, die uns schützt. Eine empfindliche Hülle, die jeden Atemzug, der in ihr getan wird, aufnimmt. Ich kenne Menschen, die nach Krankheiten, unguten Besuchern, unfreundlichen Gesprächen in ihren Zimmern mit Salbeiblättern das Gift der Verstimmungen ausräuchern.

Wie merkwürdig anders sich dieselben Zimmer anfühlen, wenn sie lange leergestanden haben. Als habe sich die Wärme, die Lebendigkeit nicht halten können ohne seine Bewohner darin, als verrotte die Freude wie der vor Wochen vergessene Apfel in der Obstschale. Immer wieder muss man sich die eigene, eigensinnige Wohnung neu erobern. Muss beherzt eintreten, abgeben von sich, um aufgenommen zu werden. Muss sich großzügig hineinleben. Nach langen Trennungen fremdelt man ja auch mit dem Liebsten, redet widrige Sätze, fühlt sich klamm im Gespräch – ach, den Nachbarn geht es gut und deiner Mutter auch, jaja, das freut mich, und die Kaffeemaschine ist wieder heil, wie schön, der Steuerberater hat schon dreimal angerufen, hm …

Als ich aus New York wegging und auf einem Containerschiff nach Deutschland reiste (ich konnte meine zehn Jahre dort nicht in einem Acht-Stunden-Flug verabschieden), holte mich mein Liebster, mit dem ich nun leben wollte, morgens um drei Uhr am Hafen ab. Es war April, noch duster, es nieselte, und wir standen fremd voreinander. Ich glaube, wir haben einander nicht einmal umarmt. Natürlich wussten wir, dass wir uns freuen sollten – und konnten es nicht. Es dräute zu viel Unbekanntes. Ich hatte mein Leben in New York aufgegeben. Er sein Leben als ewiger Junggeselle. Und nun?

Und so fiel diesem sonst so wortgewandten Mann nur der grandios abgegriffene Satz ein:

Ich habe mir sagen lassen, es soll sehr schön sein, so eine Schiffsreise zu machen.

Ich wollte sofort wieder zurück.

Und blieb.

Auch meine Wohnung und ich wissen nicht gleich wieder, etwas miteinander anzufangen. Als hätten selbst die Schüsseln, Leuchter und Tassen ihre Lebendigkeit verloren.

Es braucht die erste Berührung, das im Flur geträllerte Lied, die auf dem Sofa gelesene Zeitung, das in der Küche eingegossene Glas Wein. Nach Hause kommen hat immer mit dem zu tun, der da nach Hause kommt.

Mit dem Lebensgefühl des Ankommens, mit dem Rauschen im Kopf von der Reise, der Arbeit, den Abenteuern, den Enttäuschungen. Alles schleppt man in die Wohnung, lädt den Ballast ab in ihr und hofft, sie möge die Konfusion im Kopf klären, die Gewohnheit möge für Ruhe sorgen und Läuterung.

Gewohnheit kann sich also auswachsen zur notwendigen Geborgenheit oder – bleibt sie unbefragt – zum dumpfen Stillstand. Weil das Neue ausgeschlossen, die Wirklichkeit entkräftet, der Möglichkeitssinn narkotisiert wird. Weil man das Wohnen und sich darin nicht neu denkt. In der Gewohnheit gibt es keine Brüskierung, keine Herausforderung, kein spontanes Agieren, sondern nur die Einfügung ins Immergleiche. Dann wird die Geborgenheit zum Bunker, in dem man sich anheimelnd einbetoniert und nicht merkt, wenn die Welt draußen zu brausen beginnt. In meiner Privatsphäre kann ich mich der Welt berauben (privare heißt berauben). Kann ich der Innerlichkeit frönen, um erschreckt ins Geschehen zu glotzen, wenn es womöglich schon zu spät ist.

Deshalb ist es ja so gefährlich, wenn sich die Gewohnheit in die offene Gesellschaft einschleicht. Wenn man zum Beispiel meint, die Demokratie sei so selbstverständlich wie die Couch in der Wohnküche, auf der man Tag für Tag lauschig vor sich hinsitzt. Und auf einmal steht ein Sturmtrupp vor der Tür der Demokratiedöser, dessen Zusammenrottung man vor lauter Gemütlichkeit überhört hat – und reklamiert die Wohnung für sich.

In dem schönen und klugen Katalog zur Ausstellung ‹Innenleben – Die Kunst des Interieurs› wird in vielen Beiträgen die Verbindung zwischen Kunst, Wohnen und Welt hergestellt. So schreibt die Kuratorin Sabine Schulze über die Utensilien des Interieurs, von Pantoffeln und Kerzen und Büchern, von Decken und Kissen: «Diese stereotypen Requisiten, die uns am Körper und gleichsam an der Seele kleben. Wohnen ist konservativ. Geborgenheitssehnsüchte scheuen radikale Neuerungen.»

Wohnen ist konservativ – weil es Erinnerungen bewahrt? Kurz nach seinem Tod zerbrach die Schüssel, in der ich ihm zehn Jahre lang jeden Morgen einen geschälten und geschnittenen Apfel ans Bett brachte. Und nun stehen die ungeflickten Bruchstücke seit fünf Jahren in der Küche auf dem Radio. Sie müssen dort sein. Ich brauche sie. Die Scherben gehören jetzt zu meinem Wohnen.

In Zeiten von Not und Krankheit wird die Wohnung zum Lebensort, zu dem Ort, an dem man bangt, verzagt oder phantasiert. Ein Ort, in dem Kraft und Zärtlichkeit schwingen. Hier ist man nicht nur geschützt vor der Welt, sondern hier wird man auch gestärkt, um Welt zuzulassen. Wohnungen sind ein Dazwischenraum zwischen uns und der Außenwelt. Wir laden ohnehin nicht jeden ein, uns wirklich zu kennen. Und so laden wir auch nicht jeden ein, uns in allen Zimmern unserer Wohnung zu besuchen. Weil die Räume uns sichtbar machen. Sie sind das Gehäuse, in dem wir uns manifestieren, uns zeigen. Wer die Wohnung betritt und in ihr ist, kann uns lesen.

Mir war immer ein wenig beklommen zumute, wenn ich in die Wohnung eines neuen Liebhabers kam und ihn dort in seinem Wohnen anders sah, als ich ihn mir vorher ausgemalt hatte.

Wohnungen verpetzen uns.

Als er krank wurde und krank blieb, haben nicht nur wir uns verändert, auch das Wohnen musste sich der Krankheit unterordnen und sie zugleich beherbergen. Sollte die Krankheit besänftigen. Durch Schönheit, Dinge, offene Türen für Menschen. Unsere Wohnung wäre ohne sein Kranksein eine andere geworden. Und wir hätten ohne die Wohnung ein anderes Kranksein gelebt. Wohnen und Wirklichkeit, zu Hause sein und Kranksein haben sich verwoben. Wie sich Sein und Wohnen wohl immer verweben.

Räume warten auf Erinnerungen, warten auf gelebtes Leben, warten auf Geschichten und bewahren sie. Auch deshalb wohne ich noch immer dort, wo ich mit ihm gewohnt habe. Ich möchte, dass die Wohnung mir unsere Geschichte erzählt.

6. KAPITEL

Wirklichkeit und Wahrnehmung

Ich schaffe es, ich kann es, es wird
Es wurde nie

ER HABE EIN ordentliches Leben geführt, sagt er, und nun, am Ende, widerfahre ihm dies, diese Scheiße.

Er hat recht. Aber soll ich ihm recht geben?

Und so rede ich wieder einmal mit zärtlicher Ungeduld auf ihn ein, male frohe Bilder und erkläre ihm, dass er, der so viel schon geleistet habe, in diesen Jahren gerade seine größte Lebenstat vollbringe.

Ich habe keine Perspektive, sagt er.

Es kommt darauf an, was du damit meinst, antworte ich vorsichtig.

Werde ich wieder arbeiten können?

Vermutlich nicht so wie früher.

Siehst du! Gib dir keine Mühe, sagt er dann, sobald ich kann, bringe ich mich ohnehin um. Dazu muss ich nur allein aufstehen können.

Und er beginnt zu üben. Ich weiß nicht, wie viele Tausende Male er sich hochgezogen hat an der Stange, die wir im Wohnzimmer installiert haben. So anrührend stolz. Der ehemalige Spitzensportler, der nun strahlt, wenn er sich mit einem Arm hochzieht, sich festhält, hinsetzt, hochzieht, festhält, hinsetzt. Oft mit einem kleinen Seitenblick: Guckst du auch? Ich weiß nicht, wie oft er über die Jahre mit der Pflegerin an irgendeiner langen Stange, an irgendeinem Geländer in der Stadt trainiert hat. Mühsam setzt er ein Bein vors andere, schiebt das rechte Bein nach vorne, um das gelähmte linke, das steife Bein mit einem Knick in der Hüfte nachzuziehen. Oft sind ihm die Adern auf der Stirn geschwollen vor Anstrengung. Er geht an Barrieren auf Sportplätzen, an Brückengeländern, an Balkenzäunen von Schrebergärten. Trainer oder Platzhüter werden mit Schokolade oder Wein freundlich gestimmt. Er übt an der Stange und im Bett, das Bein, das Sprechen, den Arm, den er jetzt auch schon ein klein bisschen strecken kann. Immer wieder wehrt er die Verzagtheit ab, die ihn immer wieder niederringt, und die Mutlosigkeit.

Ich kann nicht aufgeben, sagt er. Und immer wieder sagt er: Ich kann schlafen und habe keine Schmerzen. Was habe ich für ein Glück.

Dieser in den hilflosen Kummer gejagte Mann ist auch zutiefst dankbar. Abgefunden hat er sich nie. Eingefunden vielleicht. Er konnte seinen Zustand leben, aber nicht akzeptieren.

Vielleicht wirst du eher gesund, habe ich einmal vorsichtig gesagt, wenn du annimmst, was ist, statt Energie zu verschleudern in die Wut.

Ich habe Energie – er schrie es fast. Und trainierte unerbittlich für seine Genesung.

Einmal geht er über eine Brücke, unter der ein Saxophonspieler steht und melancholische Melodien bläst. Der, der da oben zu gehen versucht, war einst ein Sportler, der fast ins Team der Olympischen Spiele aufgenommen wurde; der, der unten spielt mit der Mütze für Spenden vor sich auf dem Boden, hat gewiss auch einmal andere Träume gehabt. Eines von vielen traurigen Erinnerungsbildern. Die klagende Musik, der verzweifelte Mann am Geländer, die Trauer – und diese über Jahre festgehaltene Hoffnung.

Eines Tages werde ich laufen können. Ende des Jahres werde ich laufen. An meinem Geburtstag kann ich laufen. An deinem Geburtstag kann ich laufen. Und dieses kleine, zarte Lächeln dazu – siehst du, ich schaffe es, ich kann es, es wird.

Es wurde nie.

Noch drei Tage vor seinem Tod fahren wir zu einem Geländer an der Spree, an dem er jahrelang fast jeden Tag gelaufen ist, trainiert hat, geübt mit eisenstarkem Willen. Und nun zu schwach ist, um sich aus seinem Rollstuhl zu ziehen, die Stange zu packen, kleine Schritte zu wagen. Er hat den Kopf geschüttelt. Abschied genommen. Abschied von dem Geländer. Von seiner Hoffnung, vom Leben. Nach zehn Jahren.

Die englische Schriftstellerin Rachel Cusk erzählt in einer ihrer Geschichten, in denen sie ihre Figuren unerbittlich klar und intelligent durchleuchtet, von einem Mann, der eines Tages nach der Trennung von seiner Frau mit seinen zwei Kindern ans Meer fahren will. Auf dem Weg durch die Berge werden sie überrascht von einem so heftigen Sturm und peitschenden Regen, dass er einen Abzweig verpasst und sich unvermutet auf einer immer steiler und kurviger in die Höhe steigenden Straße wiederfindet. Er kann kaum etwas sehen. Das Auto wird von Windböen erfasst und bedrängt von trampelnden Herden von Ziegen und Bergschweinen, die fliehen vor dem Wasserschwall eines über die Ufer tretenden Flusses. Er wird nervös. Die Kinder schreien. Aber auf einmal entdeckt er hinter der Sintflut wie eine Fata Morgana die Lichter eines Berghotels, das sie rettend aufnimmt – und sie sich finden in einer bizarren Szenerie von adretten girl scouts, die dort singend und hüpfend üben für einen Auftritt.

Zum ersten Mal in seinem Leben, lässt Cusk ihren Helden sagen, habe er eine Situation als real erkannt und als solche akzeptiert, ohne seine Wahrnehmung bestimmen zu lassen von seinen Erwartungen. Er habe die Wirklichkeit einfach hin- und angenommen, wie sie war. Seine Frau und er, das sei ihm dort oben inmitten der Pfadfinderinnen in der Lobby des Berghotels klargeworden, hätten immer auf ihr Leben durch die Linse des Vorurteils geschaut, ihrer vorgefassten Meinungen, und es nicht als unmittelbare Wirklichkeit erlebt. Das habe natürlich den Vorteil gehabt, alles aus einer scheinbar sicheren Distanz zu betrachten, einen inneren Abstand zu bewahren, habe aber eben auch den Raum einer großen Illusion, einer Täuschung geschaffen. Alles war Bühne, Aufführung, Chimäre. Ohne Bezug zur Wirklichkeit. Cusk lässt den Mann sein Leben beschreiben, als habe er es nur gespielt und nicht gelebt.

Ich weiß nicht mehr, wann ich die Wirklichkeit begriffen habe – oder sagen wir, wann Wahrnehmung und Wirklichkeit sich anglichen. Wann ich gesehen habe, wie durch die unerbittliche Einengung der Umstände Grenzen, Wälle, Zäune, Mauern sich aufbauten – davor ein Schild: Kein Zutritt. Sonst erkennt man den schwindenden Raum der Möglichkeiten erst im Alter. Wenn die Einsicht in die Vergänglichkeit wächst. In der Not einer Krankheit altert man schnell. Die Wirklichkeit hat mich umgearbeitet, und ich habe es machen lassen mit mir. It takes two to tango. Die Wirklichkeit und ich haben oft fratzenhaft miteinander getanzt. Sie – siegessicher und kraftvoll rhythmisch stampfend, ich – eine zerfledderte Figur, die ich hier vorsichtshalber nur mit Bleistift skizziere. Ohne Pinsel und Farben. Möglichst unscheinbar.

Auf Hunderten von Seiten habe ich meine vermutete Wirklichkeit umkreist. Das Tagebuch liest sich wie eine Litanei ewig wiederkehrender Zweifel, hoffnungsfroher Erwartungen und Beschwörungen, eingewebt ins Muster der Sorge, der Zärtlichkeit und der Hilflosigkeit.

Am Anfang des Lebens, schreibt Paul Auster in seinem Buch ‹Bericht aus dem Inneren›, sei alles lebendig gewesen, die kleinsten Gegenstände hätten pochende Herzen gehabt, die Wolken hatten Namen, Scheren konnten gehen, Steine konnten denken, und Gott sei überall gewesen. Glück und Melancholie in einem Absatz – nichts bleibt, wie es ist. Und doch wehrt Auster sich gegen die gänzliche Vertreibung aus dem Phantasiereich der Kindheit. Für ihn sei ein Korkenzieher immer noch eine tanzende Ballerina.

Ich hatte verlernt, mit der Phantasie zu tanzen, weil die Wirklichkeit, meine Wirklichkeit, allen Raum und alle Zeit in sich aufsog. Ich hatte oft keine Kraft mehr über Zäune zu steigen, Himmelsleitern zu erklimmen, den Mond anzusingen. Ich habe es viel zu selten geschafft, unser Leben, in dem wir steckten, lustvoll umzuträumen. Im Gegenteil. «Immer wieder die kleinen Zusammenbrüche», steht dort im Tagebuch, «immer wieder verzagt, einfach kaputt, Rücken, Hüfte, Knie, alles ein großes Schmerzpaket. Er will tot sein – und ich habe dem nichts mehr entgegenzusetzen, soll er doch sterben, soll er doch gehen.»

Dann läuft die Person, die dieses Tagebuch schrieb, durch die Wohnung und baut die Räume in Gedanken um für die Zeit nach seinem Tod. Dann fragt sie sich, wie es wohl sein wird, in eine leere Wohnung zu kommen, in einer leeren Wohnung zu sein. Dann wacht sie am Morgen auf und fühlt den lebensleeren Raum, der sein wird, wenn er nicht mehr nebenan rumort. Dann sitzt er beim Abendessen neben ihr, löffelt sein Kartoffel-Rote-Bete-Mus und ist in ihrem Denken schon tot. Hastig nimmt sie seine gelähmte Hand, berührt seinen

Arm, seinen Nacken. Sie will, dass er lebt. Soll er doch sterben. Er möge bitte bleiben. Sie will nicht allein sein. Das kann sie nicht. Das war sie noch nie. Sie braucht ihn. Fast alltäglich gefühlter Widersinn.

Ich lese hier eine Frau, die an der Wirklichkeit zerrt wie an einem Netz, dessen Maschen sie nicht zerreißen kann. Und immer wieder der Versuch, aus der Symbiose mit dem Kranken auszubrechen und immer wieder erschreckt in wehrloser Aggressivität anzukommen.

Dieses Leben zwischen Erbarmen und Selbstsucht, zwischen Hingabe und Täuschung. So gerne möchte endlich er einmal wieder der Beschützer sein, die Rollen wechseln:

Hast du Sehnsucht nach mir, fragt er, als er in einer Reha und sie endlich einmal allein zu Hause ist.

Soll ich früher zurückkommen?

Sie liest Schriften und Notizen kluger Menschen darüber, wie und warum man leben solle in der Gegenwart, in dem Moment und nicht in der ja nur scheinbar unausweichlich trüben Zukunft. Sie haben ja alle recht, sagt sie sich, warum den Schrecken dessen jetzt schon fühlen, was ja nur vielleicht irgendwann kommt.

Aber wenn angeblich einfühlsame Seelen vibrierend vor Mitgefühl raunen: Es kann ja nur schlimmer werden – während sie ihn gerade auf dem Wochenmarkt im Rollstuhl von Stand zu Stand schiebt oder an der Ampel eine Stelle sucht mit niedriger Bordsteinkante, um ihn über die Straße bugsieren zu können, dann werden diese Sätze zu Ohrwürmern, die immer wieder fauchen in ihr.

«Unglücklich ist die Seele, die des Zukünftigen wegen ängstlich ist und elend ist schon vor dem Elend ...», heißt es bei Seneca.

Die Angst, meine fiese Gefährtin, lässt mich den kranken Mann aber wahrlich nicht nur liebreich umhegen, sondern sie ist auch – Masche für Masche – ineinandergehäkelt mit einem erdrückenden Kontrollwahn. Ich treibe und trieze, bitte und flehe, übe Druck aus, warne, locke zu dieser oder jener Therapie, dieser oder jener Übung, diesem oder jenem Essen, drohe und bestimme, erkläre und beschließe, mache Zeitpläne und Übungspläne und Besucherpläne – installiere Effizienz. Alles versuchen, alles nutzen, alles ausprobieren, alle Hilfsmittel, Hilfsmenschen, Hilfe! Hilfe! Hilfe!

Ich will, er soll.

Als eine der Therapeutinnen nach ihrem Besuch bei ihm sagt, sie wolle Termine mit mir absprechen, bekommt er einen Wutanfall. Mit mir, sagt er, mit mir besprechen Sie das. Meine Frau ist eine Terroristin.

Als ihm der Musiktherapeut erklärt, ich hätte ihn gebeten, einmal in der Woche zu kommen, sagt er nur: Meine Frau ist ein Quälgeist.

Ich überfordere ihn ständig. Tue ich das für ihn oder für mich? Für sein Wohlbefinden oder für mein gutes Gewissen?

Man wandert in Notlagen wie unserer auf einem schmalen Grat zwischen Angst, Fürsorge und Bevormundung. Denkt, man sei zugewandt und wird übergriffig. Immer werden die Grenzen der eigenen Anmaßung getestet, muss die Herrschsucht befragt werden. Es ist auch ein übles Geflecht zwischen krankem Mann und pflegender Frau. Ein dorniges Gestrüpp, aus dem beide zerkratzt hervorkriechen.

Es kommen Ärzte, ich recherchiere Therapien, organisiere Therapeuten. Er muss mindestens fünf bis sechs Stunden sitzen, sagen die Ärzte.

Dreimal eine halbe Stunde am Tag, sagt er.

Er muss Mundübungen machen, sagt die Logopädin.

Das ist albern, sagt er.

Er muss die Hand trainieren, sagt die Ergopädin.

Unsinn, sagt er.

Er muss den Rücken strecken, sagt der Krankengymnast.

Ich bin doch kein Akrobat, sagt er.

Sie müssen tief atmen, bevor Sie sprechen, sagt die Atemtherapeutin.

Dauert zu lang, dann kann ich das Reden ja gleich sein lassen.

Massagen mag er. Ich sage: Du musst unbedingt zur Hypnose. Amerikanische Wissenschaftler haben herausgefunden, dass die Funktionen von zerstörten Nervenbahnen durch hypnotische Suggestionen von den erhaltenen, gesunden Nervenbahnen übernommen werden können. In Trance versetzt, kann eine unterbewusste Heilung aktiviert werden. Ich finde einen Hypnotiseur. Im dritten Stock ohne Lift. Jeden Mittwoch um elf stehe ich dort vor der Tür, um der Pflegerin zu helfen, ihn die Treppen hochzubugsieren. Wenn er oben ankommt, ist er schon so erschöpft und darüber so wütend, dass das ganze Unterfangen sinnlos wird. Während der Hypnose schaut er alle paar Minuten auf die Uhr. Ich nehme sie ihm ab. Er protestiert. Natürlich protestiert er. Und ich frage mich: Wie zurechnungsfähig ist ein Mann, so krank wie er?

Ich muss hilflos zusehen, wenn er die Atemtherapie, die Hypnose, die Musiktherapie, die Logopädie, die Feldenkrais-Stunden gelangweilt absolviert. Der eine ist nicht intelligent genug, die nächste nicht hübsch genug, die dritte zu teuer. Er will sich nicht mit weniger zufriedengeben, nur weil er scheinbar wenig ist. Er hat Kraft. Und Ungeduld. Er will einen Akt. Einen Heiler, der ihn rettet.

Es kann doch nicht sein, sagt er und sieht mich zweifelnd an, dass mir niemand helfen kann. Und immer höre ich den Vorwurf darin: Wieso findest du niemanden.

Also versuche ich, ihn zu retten.

Obgleich ich das perfide Rettungsspiel doch aus der Transaktionsanalyse kenne, bleiben wir lange im Drama Dreieck stecken. Zwei Personen hecheln wie in einem Hamsterkäfig in drei sich abwechselnden Rollen hintereinander her. Sind mal Retter, mal Verfolger, mal Opfer. Sie will ihn retten und verfolgt ihn. «DumusstDumusst Dumusst: die Korkenübungen machen fürs Sprechen, so oft wie möglich das Bein heben, den Arm knicken, die Lippen pressen, den Fuß rollen, du musst trinken, du musst das Atmen üben, du musst …»

Er wird zum Opfer. Fühlt sich jedenfalls so und rebelliert, wütet in der Rolle und verfolgt nun sie mit seinem

Zorn, bis sie sich als Opfer fühlt, das er nun wieder retten muss, damit sie auf die Beine kommt. Jeder fühlt sich vom anderen unverstanden, ungerecht behandelt, nicht in seinem Ich wahrgenommen. Das Helfersyndrom jubelt. Und die kleine Schlange im Opfer sinnt auf vielfältige Manipulationen. Die Wirklichkeit steht unbemerkt am Rande. Der Rollenwechsel geht schnell und fast unbemerkt vor sich. Das erwachsene Ich steigt aus.

Ich hatte kein Vorbild für unsere Situation, kein Fundament, keine Erfahrung, kein Wissen – woraus sollte da etwas erwachsen, wie sollte ich aussteigen können. Es gelingt mir ja nicht einmal, ihm die Wirklichkeit zu vermitteln. Derselbe Mann, der politisch nach wie vor informiert ist, dezidierte und differenzierte Meinungen hat, der immer weiß, wo es in meinen Texten nicht stimmt, wenn ich ihm etwas vorlese – derselbe Mann erklärt, dass er bestens allein zurechtkomme und keinen zusätzlichen Pfleger brauche. Der Mann, der glasklar denken kann, blendet die eigene Wirklichkeit, seine grandiose Hilflosigkeit aus. Diese Wirklichkeit kann er nicht sehen.

Wie willst du allein aufstehen?
Dann bleibe ich eben im Bett ...
Und wie dir was zu trinken holen?
Ich trinke ohnehin zu viel ...
Und wie kommst du an die frische Luft?
Mach doch das Fenster auf ...

Was für ein ruinöses Spiel haben wir da gespielt. Er redet verzweifelten Unsinn, und ich bin die kalte Vernunft. Natürlich muss er sich wehren. Wie soll man aushalten, wenn immer der andere entscheidet und auch noch recht hat. Natürlich ist da immer die Angst, ihm könne noch mehr genommen werden von dem wenigen, was er noch hat. Die Irrationalität ist eine Herausforderung. Es ist so bitter wie notwendig zu lernen, dass jeder Mensch seinen Weg geht, seinen Weg gehen muss. Es hat keinen Sinn, den Kranken zu bedrängen, zu nerven, zu benörgeln. Ich habe erfolglos gedroht, geweint, gefleht.

Ich brauche Hilfe, rufe ich.

Ich nicht, antwortet er ruhig.

Wie wäre es richtig gewesen? Ihm das Geschenk zu machen, ihn sein zu lassen. Wirkliches Schenken, sagt Adorno, heißt: «… aus seinem Weg gehen, den anderen als Subjekt denken.» Indem ich den anderen als Subjekt denke, bleibt er nicht außen vor, sondern ich nehme ihn wahr in einer Welt, in der wir beide leben, in dem «feinen Gefädel», um noch einmal Adorno zu zitieren, das Menschen miteinander verbindet.

Keine Kritik bitte, hat er oft gesagt.

Bitte nicht schimpfen – wenn ich wieder einmal zeterte.

Weil er nicht aufstehen, sich nicht bewegen wollte, weil er wieder einen Pfleger rausgeekelt hatte, weil er sich weigerte, diese oder jene Therapie ernst zu nehmen.

Bitte nicht schimpfen.

Genau das hätte ich ihm schenken sollen. Er hatte es schwer genug. Die Toleranz hätte ich haben müssen. Die Stärke, so tolerant sein zu können. Tolerare heißt ertragen, dulden. Seit der Aufklärung verstehen wir darunter eine soziale Tugend, die entstand aus der Erkenntnis, dass der zum Irrtum neigende Mensch – errare humanum est – seiner eigenen Fehlbarkeit und der seiner Mitmenschen eingedenk ist. Gandhi mochte das Wort Toleranz nicht. Denn Duldung hat mit Herablassung zu tun. Mit Beschränkung, mit einer Erlaubnis nach meiner Maßgabe. Ich habe die Macht, ich ziehe die Grenze. Ich sage, wie weit meine Geduld, mein Dulden reicht. Goethe schrieb in seinen Maximen und Reflexionen: «Toleranz sollte eigentlich nur eine vorübergehende Gesinnung sein. Sie muss zu Anerkennung führen. Dulden heißt beleidigen.»

Einen Kranken anzuerkennen, der irrational wird, der auf einem Weg besteht, der nicht begehbar ist, gehört zu den vielleicht schwierigsten Aufgaben, die man in einer solchen Lage zu bewältigen hat. Auf dem Grat zu wandern zwischen unvermeidbarem Despotismus und couragierter Hingabe.

Immer habe ich Sinnvolles getan für ihn. Immer war ich effizient, habe geplant, organisiert, mich nützlich gemacht. Schon während ich das schreibe, macht mich diese Person nervös.

Mindestens ebenso wichtig aber ist es, einem Kranken Sinnloses zu schenken: Vertrödelte Stunden an seiner Seite – einfach neben ihm sitzen ohne den Gedanken im Kopf: Ich muss los, muss dem noch schreiben, die noch anrufen, endlich an den Schreibtisch. Sondern einfach nur da sein. Ich hätte uns Tova Baileys Schnecke ins Haus holen sollen. Als Lehrmeisterin der Langsamkeit, der Geruhsamkeit.

Aber wir haben zusammen in die Luft oder ins Feuer geguckt, in die Pappeln oder auf tobende Kinder auf einem Spielplatz, auf blühende Rosen auf dem Balkon. Wir haben gemeinsam gelegen und gedöst auf einer großen Bank, haben Pralinen futternd Quizsendungen im Fernsehen oder Fotos von den Enkeln, von reisenden Freunden angesehen, haben zusammen in den Abendhimmel geblickt. Schau, rufe ich, schau bitte einmal in den Himmel – diese graurosa pastosen Schlieren, ich muss dich ans andere Fenster fahren, damit wir den Sonnenuntergang richtig sehen können. Gern, sagt er, sehr gern. Und dann bin ich nicht allein in meiner Schönheitslust. Wichtiger noch als sich gegenseitig zu trösten, sei es, Freude miteinander zu teilen, zitiert Andreas Weber in seinem Buch ‹Sein und Teilen› den Paarforscher John Gottman. Weil wohl genau dieses Teilen der Trost ist. Der Trost der gemeinsam erlebten Schönheit. Einer geteilten Wahrnehmung.

Und Gemeinsamkeiten brauchten wir. Mussten sie uns erobern. Sie wiederbeleben nach Jahren der Vernachlässigung.

Denn unsere Wirklichkeit war in mancher Hinsicht – sagen wir – komplex. Vergangenheit und Gegenwart lagen im Streit. Und mussten irgendwie versöhnt werden.

Wie es angehen? Wie hegt und pflegt und umkost man zehn Jahre lang einen Mann, den man gerade hatte verlassen wollen.

Sie hatte ihm ja am Mittag des Tages, an dem es geschah, gesagt, er sei ihr abhandengekommen. Sie jedenfalls könne ihn nicht mehr erreichen. Er hatte sie vom Bahnhof abgeholt und hörte fassungslos zu. Es ist immer wieder grandios zu sehen, wie angeblich ahnungslos Männer sein können, wenn der Fuchs namens Wirklichkeit einbricht in ihren Illusionsbau.

Gegen Abend rief er an. Er hakte an einem Moderationstext. Sie half. Und dann der Anruf um Viertel vor zehn. Ihr Mann … Notaufnahme.

Das war's. Sie hat nie wieder daran gedacht, ihn zu verlassen. Wie sollte sie. Sie konnte doch in diesem Moment nicht weglaufen. Die Chance hatte sie verpasst. Jetzt war es zu spät. Blieb sie aus Konvention? Aus Anstand? Hatte sie Angst vor dem Urteil der anderen oder vor der Zerstörung ihres Selbstbildes? Oder wurde schlicht und einfach die Gegenwart zum Riesen, der die Vergangenheit verzwergte. Jetzt ging es darum, sein Leben zu retten. Liebe hin oder her.

Vielleicht sind es ja auch Erinnerungen an frühere, an die guten Zeiten, die sich wie treibende Ranken durch den Rost der abgenutzten Gefühle winden. Das Kennenlernen – auf einem Abendessen in New York –, die Nacht drei Tage später in Washington, wo sie zwischenlandet auf dem Weg nach Los Angeles, um sich diesen Mann noch einmal anzusehen. It's like coming home, sagt sie am nächsten Morgen zu ihm. Es ist die

Nacht, in der die gemeinsame Entscheidung fällt: Gladiolen kommen nicht ins Haus.

Monatelanges Reden und Zuhören und Lachen am Telefon. Seine Stimme im Nachtohr. Seine Stimme im Tagohr. Berauschende Sehnsucht. Lange Briefe. Besuche hin und her über den Ozean. Hände, Haut, Zärtlichkeit. Ungeduldige Leidenschaft. In der der bisherige Lover bald keinen Platz mehr hat. Missverständnisse. «Ich freue mich auf unser Leben, Dein Leben und mein Leben», schreibt sie. Er ist sauer. Was soll das heißen, fragt er, diese Trennung. Er will auch ihr Leben und ist doch derjenige, der später aus dem gemeinsamen Leben sich verabschiedet. Doch noch sind wir in der Erinnerung an die glühenden Zeiten

Will sie deshalb, dass er lebt? Glaubt sie an Wiedergeburt? Eine Wiedergeburt der Liebe für den Sterbenden? Dabei kann sie sich ja nicht einmal sehnen nach der Zeit vor dem Kranksein. Es war keine schöne Zeit. Dorthin will sie nicht zurück. Kann nicht hoffen auf eine Wiederherstellung dessen, was war. Der Kuchen, in den sie würde beißen wollen, müsste neu gebacken werden. Sie will, dass er lebt, aber hätte sie dann mit ihm leben wollen? Natürlich, er wäre ja geläutert nach diesem Anschlag. So denkt man und grübelt man, betrügt sich und erlöst sich, wenn man wieder lieben will.

«Denn Liebe muss sein.» So steht es in ihrem Tagebuch. Der Beginn der Liebe, hat der französische Philosoph Alain Badiou gesagt, sei die Überwindung einer Unmöglichkeit, sie müsse einen Punkt der Unmöglichkeit überschreiten.

Das war ihre Situation. Ein entzweites Paar findet sich in einer erschlagenden Krankheit zusammengeknebelt. Und nun? Wie aus der vorherigen Entfremdung eine Anziehung herstellen? Wie kann man lieben lernen.

Denn Liebe muss sein. Was für ein Satz. Aber vielleicht stimmt er sogar. Vielleicht hat sie tatsächlich entschieden, diesen Ausgelieferten zu lieben, damit sie die kalte Zumutung der Krankheit mit Wärme füllen, sie eher ertragen kann. «Die Liebe lebt von liebenswürdigen Kleinigkeiten», heißt es bei Theodor Fontane. Und ja, es sind die Blicke, die Gesten, die sanften Freundlichkeiten, die in der Liebe die Leidenschaft überdauern. Und in der Krise existenziell werden. Vielleicht ist Liebe genau die Tür, die man öffnen und durch die man gehen muss, um sich gegen die Drachensaat der Zumutungen behaupten zu können.

Liebenswürdig oder gar liebend zu pflegen fällt leichter als den Dienst mit leerem Herzen zu absolvieren. Weil Geduld freundlicher schaut, wenn sie zugewandt schaut, weil Hände zärtlicher cremen, wenn sie die Haut gern berühren, weil man lieber tut, was man ohnehin tun muss, wenn Pflicht und Hingabe sich verflechten. Badiou zitiert in seinen klugen und streitbaren Gedanken im Büchlein ‹Lob der Liebe› den portugiesischen Dichter Pessoa, der gesagt habe: «Lieben ist ein Denken.»

Vielleicht war auch unsere wachsende Innigkeit der Vernunft geschuldet. Es wurde eine Liebe ohne Begehren. Eine Liebe aus Notwendigkeit. Denn Liebe muss sein. Und Liebe wurde es.

Er hat sich schnell für diesen Weg entschieden. Kaum war er zu Hause, hat er jeden Abend mit seiner heiser verzerrten Stimme zu ihrer Pritsche hinübergerufen, die sie nur wenige Meter von seinem Bett aufgestellt hatte, dass er sie liebe. Er liebt sie also. Was sollte er auch sonst tun. So gänzlich angewiesen auf sie. Ausgerechnet er, der Berserker, der eines vor allem immer wollte: Unabhängigkeit, bis hinein in die Selbstzerstörung. Das war egal. Hauptsache, es war seine Entscheidung.

Und nun die bittere Erkenntnis der Abhängigkeit. Vermutlich kann man auch die nur mit Liebe erdulden. Die unbedingte Hinwendung des anderen nur ertragen, wenn man ihn liebt. Den Zorn ob der eigenen Schutzlosigkeit nur mit Liebe besänftigen. Die Freundlichkeit des Gebenden nur hinnehmen, indem man sie liebend nimmt.

Ach, hat kürzlich ein Freund geseufzt, was für ein Geschenk, das Glück dieser zehn Jahre gehabt zu haben. Manchmal klingen Sätze beeindruckend gut, bevor man die Farbe abkratzt. Aber vielleicht ist ein schwieriges Leben wirklich ein paradoxes Glück, weil es einen fordert und zeichnet, weil man demütiger wird und lernt, weil man andere und auch sich selbst sorgsamer wahrnimmt. Es jedenfalls versucht.

Es waren die radikalsten Jahre für uns beide. Was er ertragen, was er ausgehalten hat. Fluchend und lachend, fröhlich und in stummer Hilflosigkeit. Unzumutbare Jahre und von einer hellen Innigkeit. Und nicht zu überdauern, ohne sich selbst umzustülpen wie eine

Socke und zu schauen, wie es auf der Innenseite dessen aussieht, was man sich täglich gedankenlos überstreift. Das muss man sich gefallen lassen. Zu schauen, wie man gestrickt ist. Geprüft und gewogen zu werden. Von den strengsten Augen, die man kennt, den eigenen.

War es Glück? Waren diese zehn Jahre Glück? Man ist ja geneigt, Zeiten glücklich zu nennen, die es nicht waren, überglänzt sie in der Reminiszenz mit steter Malarbeit, damit man gern an ein Damals zurückdenken kann, in dem man nicht gern war. Arundhati Roy schreibt in ihrem Roman ‹Ministerium des äußersten Glücks›: «Wenn du dein Leben froher erzählst, als es war, dann macht das dein Leben glücklich.»

Aber ist es wichtig, ob die Jahre glücklich waren. Sie waren und sie sind in ihr. Haben sie geprägt, gezeichnet, umgeformt. Sie wünscht sich die Zeit gewiss nicht zurück. Aber sie ist doch dankbar dafür, sie gelebt und überstanden zu haben. Wie hat es der Freund so klug gesagt: Es gibt viele Arten zu leben. In unserem Leben webten Hoffnung und Zumutungen, Wut und Zärtlichkeit, Angst und Lachen und ja, auch das Lieben, das feste Netz des Alltags. Und Bewunderung für den Kranken. Der in all seiner Not immer wieder Mitgefühl zeigt für andere.

Als der Mann einer Freundin beerdigt wird und sie auf dem Weg zu ihrem Platz in der Kirche eine solche Verlassenheit ausstrahlt, dass man kaum hinzusehen wagt, greift er, der im Rollstuhl neben der Kirchenbank sitzt, beherzt nach ihrer Hand und sagt laut und überaus deutlich: Du bist nicht allein.

In aller Verzweiflung über seinen Zustand hat er nie seinen Geist, seinen Charakter, seine Selbstachtung, seine Wesenheit verloren – und auch nicht seinen Verstand.

Ich bin nicht intelligent genug, um deprimiert zu sein, hat er oft gesagt und fein unterschieden: Ich bin nicht deprimiert, ich bin verzweifelt.

Und immer wieder war da sein abgefahrener Humor. Als zwei unserer Freunde kurz nacheinander an Krebs sterben, sitzt er eines Morgens in seinem Rollstuhl am Esstisch, wartet auf die Logopädin, den Krankengymnasten oder den Masseur und meint lapidar: Ich bin ja der Einzige hier, der gesund ist. Und grinst vergnügt, fast übermütig.

Während der Fußballweltmeisterschaft sitzen wir in seiner ehemaligen Stammkneipe. Der Steuerberater und der Lastwagenfahrer haben ihn in seinem Rollstuhl über die Stufen getragen. Als die Deutsche Nationalhymne erschallt, erheben sich viele leicht andächtig von ihren Stühlen, und einer im Saal ruft auch ihm zu: Hey, aufstehen.

Er lacht schallend mit den anderen.

Einmal denkt er – es ist ein Weihnachtsmorgen, und alle Ärzte sind in den Ferien –, dass jetzt das ersehnte Wunder da sei und er gehen könne. Er nimmt die Hand von der Stange, an der er steht – und fällt. Ich sehe ihn stürzen, schreie und renne. Er liegt am Boden. Schaut erstaunt.

Kannst du alles bewegen?

Geht doch sowieso nie, brummt er.

Was ist heute für ein Tag, wer bist du, wie heißt du?

Waldemar, sagt er und lacht und freut sich über seine schlagfertige Antwort, mit der er meine Überangst verspottet.

Aber dann wird sie krank. Das hat ihr fast den Schneid abgekauft. Wie phantasielos das Schicksal, lacht sie böse, zweimal auf dieselben loszustürzen. Es lauert Bitterkeit in ihr. Fast beginnt sie, vollkommen sinnlos zu hadern.

Als er ihr erklärt, wie verzweifelt er sei über ihre Diagnose, rastet sie aus. Wird laut und verletzend. Das sei jetzt nicht dran. Und wenn, dann möge er alleine damit umgehen. Dazu habe sie keine Kraft. Jetzt brauche sie Mut für sich. Er habe viele Jahre Zeit gehabt, eine Einstellung zu seiner Krankheit zu finden, sie müsse jetzt sehen, wie sie mit ihrer zurechtkäme. Sie wolle nicht länger seine Frau und Pflegerin und Gouvernante sein. Sie wolle nicht mehr für ihn entscheiden, für ihn sorgen, ihn von der Verantwortung entbinden. Nein, das würde sie ihm alles zurückgeben. Am liebsten sofort. Es sei sein Leben, seine Krankheit, seine Verantwortung. Und sie hätte ihr Leben, ihre Krankheit und ihre Verantwortung.

Schade, sagt jemand, dem sie später davon erzählt, dass du krank werden musstest, um endlich dahin zu kommen. Aber wohin ist sie denn mit diesen Sätzen gekommen? Doch nur ins unübersichtliche Gefühlsgewirre. Es wächst ihre Wut. Und in ihr denkt sie, dass er sterben müsse, damit sie gesund werden könne.

Man kann sich ob solcher Empfindungen herausreden mit Überforderung. Aber es ist mehr – es ist Kapitulation vor den eigenen Normen und Ansprüchen.

Es ist der Ausstieg aus Achtung, Respekt und Einfühlsamkeit.

Es zerbricht das innere System.

Es kollabiert das Gerüst, das Halt gibt.

Es verliert das kognitive Ich die Kontrolle.

Man verliert seine Würde.

«Aus der Erde der Verzweiflung wachsen schlechte Blumen», lautet ein estnisches Sprichwort.

Könnten Sie sich, fragt eine Ärztin, zwei Wohnungen vorstellen? Sie begehrt auf, ist empört. Sie wolle ihn doch nicht aus ihrem Leben verbannen. Das wäre unzumutbar für ihn. Und wie lange, fragt die Ärztin, ist die Sache noch zumutbar für Sie?

Sie hockt am sandigen Rand vom Schwarzen Loch und rutscht ab – aber warum sich fürchten? Nix wie rein in die finstere Tiefe und mal gucken, wie es sich anfühlt darin. Wird man aufgesogen, leergebraust, rumgeschubst, durchgerüttelt? Oder alleingelassen mit dem sich ausdehnenden Weltall? Geht man verloren? Jagt hinab oder hinauf. Fühlt man Leere, Angst, Unendlichkeit, oder ist es das Fehlen von Rhythmus, Lust und Schönheit, was einen bedroht. Wie ist es, verschlungen zu werden, wenn der Kopf schon steckt im Haifisch- oder im Echsenmaul.

‹Im Rachen des Alligators› heißt ein Roman der Neufundländerin Lisa Moore, und es wird in dem Buch fast beiläufig auch die Geschichte eines Mannes erzählt, dessen Beruf es ist, zum Amüsement von Touristen seinen Kopf in aufgesperrte Krokodilmäuler zu stecken – bis eines Tages eines der Viecher zubeißt und, zum Glück erfolglos, versucht, ihm den Kopf vom Rumpf zu reißen. Im Rachen des Alligators – besser kann man kaum beschreiben, wie es ist, die bedrohte Fragilität der eigenen Existenz zu spüren. Wie existiert man im Raubtiermaul des Lebens, das jeden Moment zuschnappen kann.

Lange zweifelt sie an allem. Sieht in ihrer unbedingten Zuwendung nur klägliche Selbstaufgabe. Einen Mangel an Selbstwertgefühl, an Substanz in sich. Vielleicht hat sie ja sich nicht mehr, sondern nur noch ihn. Braucht seine Abhängigkeit, um ihre innere Leere zu füllen. Behält sie ihn auch deshalb zu Hause, weil sie Angst hat vor dem Vakuum? Warum, hat einmal eine Frau gefragt, warum musste Ihr Mann so lange leben?

Und dann wieder das Gefühl des Ungenügens. Er liebte es, wenn sie am Abend bei ihm saß, während er fernsah. Sie aber wollte lesen. Wollte allein sein. Ging in ihr Zimmer. War das rücksichtslos? Gab es einen Ausweg? Einer von beiden musste immer zurückgesetzt werden. Aber sie konnte die Entscheidungen treffen. Er war abhängig.

Er: Du fährst an die Ostsee?
Sie: Ja.
Er: Und ich bleibe hier.

Sie: Ja.
Er: ------------------------

Sie zweifelt an ihrem Anstand, ihrer Zuwendung, ihrer Eignung. Hatte sie genug Zärtlichkeit für ihn? Es sollte ihm gutgehen. Aber vielleicht ginge es ihm besser, wenn sie sich weniger bemühte – oder jedenfalls weniger sorgenvoll. Übergroße Sorge, hat sie einmal gelesen, sei Ausdruck einer fehlenden Solidarität.

War er in eurem Leben immer der, den du gebraucht hättest, fragt eine Freundin und erinnert an bittere Zeiten, bevor er zerbrochen wurde. Darf man das?

Ansehen, was ist, heißt es bei den Buddhisten. Ohne es zu interpretieren. Einfach nur hinsehen. Es hätte ihm gutgetan – und ihr auch. Ihre Angst hat auch ihm ein Joch um den Hals gehängt. Sie hat ihn mit ihren Sorgen geschunden, mit ihrem Mitleid belagert. So wie sie auch jetzt wieder sich schikaniert im rückblickenden Gefühl des Ungenügens.

Wie lange, fragt eine Ärztin, wollen Sie sich eigentlich noch beugen über Ihre Unzulänglichkeiten? Die Frau ist zu höflich, um sie unverhohlen des Hochmuts zu bezichtigen. Wie Picasso es einmal Alberto Giacometti vorwarf, der ein großer Bildhauer und Maler war und ein ewiger Zweifler, nie zufrieden mit dem, was er schuf, weil er stets mehr wollte als das, was ihm gelang, und stets lamentierte, wieder einmal gescheitert zu sein. «Alberto», lästerte Picasso genüsslich, «möchte, dass wir die Werke beklagen, die er nicht geschaffen hat.»

Nach ihrem Geschrei und ihrer Litanei sagt er ganz leise: Vergiss mich nicht. Und am Abend die Klingel.

Sie würde sein Rufen nicht hören, weil der Flur lang ist, der zwischen ihnen liegt. Sie liest gerade die Zeitung. Sie mag dieses (häufige) Klingeln nicht. Es ist ihre freie Zeit. Ihre Zeit. Natürlich läuft sie hin. Er winkt sie zu sich heran. Strahlt. Ich liebe dich, ruft er. Er greift nach ihrer Hand, zieht sie sich an den Mund, lässt sie los, um mit derselben, der einen funktionierenden Hand nach seinem Tuch zu greifen, sich den Mund abzuwischen, aus dem immer wieder der Speichel rinnt, er greift wieder nach ihrer Hand, führt sie an den trockenen Mund – und küsst sie zärtlich.

Vor der Krankheit hatte sie Angst, ihn zu verlassen. In der Krankheit hat sie jeden Tag Angst, ihn zu verlieren.

7. KAPITEL

Zwischenruf aus der Vergangenheit

Liebste Freundin,

MANCHMAL FRAGE ICH MICH, ob ich wirklich Dir schreibe oder eher mir selbst. Ob das Gespräch mit Dir nicht auch ein Selbstgespräch ist. Denn was ich Dir erzähle, erfahre ich so von mir.

«Ein Brief ist eine Seele», hat Balzac gesagt.

Erzähl es – Deine zwei kleinen Worte beschäftigen mich nun schon seit vielen Monaten. Das kleine «es» mäandert durch mein Leben. Findet hier und da und auch noch dort Erzählfutter. Treibt sich im Gedächtnis herum. Ein seltsamer Ort, an dem das Vergessen so gern und häufig zu Hause ist wie die Erinnerung. Und da Wissenschaftler das menschliche Hirn als die komplexeste Struktur des gesamten bekannten Universums beschreiben, in dem unter anderem zahlreiche und weitgehend voneinander unabhängige Gedächtnissysteme existieren, ist die Arbeit, die dort geleistet oder unterlassen wird, immer wieder ein staunenswertes Ereignis.

Wie funktioniert das autobiographische Langzeitgedächtnis, lokalisierbar im Hippocampus und noch lange nicht entzifferbar. Inwieweit bestimmt das Gedächtnis das Skript unseres Lebens? Wie kann es sein, dass Erinnerungen auf einmal wach werden, die über Jahrzehnte verborgen und einbetoniert in uns schwiegen? Und was ist mit dem, was wir aus dem Gedächtnis verloren? Formt und beeinflusst auch Vergessenes – unbewusst – unsere Lebensgeschichte?

Die französische Schriftstellerin Cécile Wajsbrot hat einen so aufregenden wie beunruhigenden Roman über das Vergessen und das Erinnern geschrieben. Ihr Protagonist Louis Mérian hat über Jahrzehnte nicht einmal geahnt, dass er eine Vergangenheit in sich trägt, die ihn belasten könnte. Dreißig Jahre lang hat er höchst erfolgreich jeden Abend eine Radiosendung moderiert, in der Stunde zwischen Abend und Nacht, die vage, träumerisch, besinnlich sein könnte, eine Stunde der Wahrheit – die Mérian allerdings nur hin und wieder seinen Gästen entlockt. Denn da er seine eigene Wahrheit nicht kennen will, kann er sie auch bei anderen nicht suchen. Und dann ist eines Tages innerhalb von Sekunden sein vergessenes Leben von vor fünfzig Jahren wieder da. Flashback nennt man, was hier geschieht, in der Psychoanalyse. In diesem Moment weiß er wieder, dass er vor einem halben Jahrhundert eine junge Frau geliebt und verraten hat. Sarah war Jüdin und gefährdet in dem von den Deutschen besetzten Paris. Sie arbeitete überdies für die Résistance. Einmal bittet Sarah ihren Geliebten um Hilfe, aber der junge Mann ist zu träge oder zu feige. Danach ist sie verschwunden, er hört nie wieder von ihr – und hat nie wieder an sie gedacht. Kann Verdrängung tatsächlich zum Vergessen führen? Traumaforscher sprechen von «dissoziativer Amnesie». Und Louis Mérian ist traumatisiert. Sarah ist deportiert und ermordet worden. Und er hat nicht einmal versucht, sie zu retten.

Ich habe dieses Buch mit Bangen und Schrecken gelesen. Wie kann man sich kennen, sich vertrauen, sich selbst leben, wenn existenzielle Erfahrungen einfach verschwinden können aus dem eigenen Bewusstsein. Was lebt in einem, von dem man nichts weiß. Welche vergessene Vergangenheit prägt die gelebte Gegenwart.

Wenn in Krisen jenes Ich aus einem emporsteigt, das man vor allem ist, dann war mein Kern-Ich eine Angstfrau. Fritz Riemann, einer der Urväter der Angstforschung, hat erklärt, dass man neurotische Ängste als Alarmzeichen dafür nehmen solle, dass wir etwas vermeiden wollen, statt uns damit auseinanderzusetzen. Demnach sind neurotische Ängste vorgeschobene Ängste, sind Ersatzängste für unbewältigte, unbearbeitete Fragen. Ging es also hier nicht nur um die neue Angst um ihn, um sein Überleben, sondern auch um alte Schrecken von mir? Hat seine Krankheit meine Angst- und Verlassenheitsgefühle aus fernen Zeiten in eine schwindelnd rasende Fahrt versetzt, weil verschollene Erinnerungen aus der Dunkelheit auftauchen und mich überrennen wie die Kakerlaken in meiner New Yorker Küche, wenn man das Licht einschaltete.

Du, liebste Freundin, hast meine Ohnmacht, meinen Furor, meinen Kräfteverfall erlebt. Ich musste in die

Grube meiner Kindheitskrankheit, in die ich wirklich nicht wieder einfahren wollte.

Ich war neun Jahre alt, als es geschah. Wieder ein «es».

Ein kleines blondes Mädchen liegt im Bett und schreit. Seit Wochen hat es hier schon gelegen – im ersten Stock des Elternhauses, in einem hellen Zimmer, das von einem langen, dunklen Flur abgeht. Das Haus ist groß. Die anderen sind meist weit weg. Monatelang hatte man das Kind verschiedenen Ärzten vorgeführt, weil es vor Schmerzen kaum gehen konnte. Verkappte Kinderlähmung hatte einer diagnostiziert und Bewegung verschrieben, was die Qual beim Gehen nicht linderte, und so hatte der nächste Arzt – ähnlich fahrlässig und ahnungslos – Wachstumsschmerzen ausgemacht, hatte Bettruhe verordnet und zweimal in der Woche ein sehr heißes Bad. Natürlich wurden alle Anweisungen penibel befolgt. Deshalb liegt es hier nun. Mitten im Sommer. Mitten in den Ferien. Gerade hat ihm die große Schwester sein Essen gebracht. Und das Mädchen hat sich mit beiden Händen hochgezogen, um senkrechter sitzen, um das Tablett auf dem Schoß balancieren zu können. Noch einmal schiebt es sich mit einem energischen Ruck an die Kissen im Rücken – und schreit auf. Ein unfassbarer Schmerz lässt den kleinen Körper zucken, jede Bewegung ist Marter. Das Kind weint, es wimmert und jammert und zittert. Vermutlich über Tage. Wenn es pieseln muss, dann schiebt man ihm ganz vorsichtig große Wattebäusche zwischen die Beine. Ob es gegessen hat, getrunken hat?

Wenn sie versucht, sich zu erinnern an die Tage, sieht sie Ausschnitte, nie das ganze Bild. Sieht immer wieder das gekrümmt im Bett liegende, weinende Kind. Es kommen Ärzte mit Diagnosen, Morphiumspritzen, Ratlosigkeit. Endlich die Gewissheit: Der Hüftkopf ist aus der Pfanne gesprungen. Eine Epiphysenlösung. Man kann nicht sagen, ob das kranke Kinderbein mitwachsen wird, ob das Kind je wieder wird gehen können. Und selbst bei bestem Verlauf wird es wohl Jahre dauern. Natürlich hört das Kind nichts von den Gesprächen, ahnt nichts von dem, was ihm geschieht und womöglich geschehen wird. Es spürt aber die verzweifelte Unsicherheit. Eine Bedrohung. Wie erzählt man einem Kind Not und Gefahr. Wie erzählt man Zuversicht? Hat überhaupt jemand je geredet mit ihm?

Die Eltern hatten Geld. Und so kam das Kind nicht ins Krankenhaus. Das Krankenhaus kam zum Kind. Es kam ein großes eisernes Bett, in dem es nun liegt auf dem Rücken. Beide Beine im Streckverband mit schweren Gewichten an den Füßen, die über das Ende des Krankenbettes hängen. Es kann sich nicht aufrichten, nicht auf die Seite drehen. Es ist schwierig zu essen, ohne zu kleckern. Es trinkt aus einer Schnabeltasse. Wie man ihm wohl die Haare gewaschen, sie getrocknet und gekämmt hat?

Es kamen die Unbeweglichkeit und die Stille, es kamen das Alleinsein und die Verlassenheit. Zwar hat die

Mutter später erzählt, sie habe sich oft am Abend zu dem Mädchen ins Bett gelegt, um bei ihm zu sein, aber sie kann sich nicht erinnern daran. Wie hätte das Kind diese Nähe gebraucht, eine streichelnde Hand, eine Zuversicht, eine Zärtlichkeit. Aber es gibt keine Ahnung, kein Bild, keinen Nachhall. Sie spürt keinen Körper, keine beruhigende Hand, hört keine Stimme, die leise Worte murmelt.

Irgendwann – viel später – begreift sie: Die schöne, die strahlende Mutter war keine, die Zärtlichkeit schenken konnte, weil sie selbst hungerte danach. Sie konnte nicht geben, sondern musste nehmen. Brauchte selbst verzweifelt den Lebenstrost der Wärme, der ihr, der Unglücklichen, fehlte.

Und so rettet das Kind sich in die Gefühllosigkeit – das wird seine intuitive Überlebensstrategie. Vielleicht ist es das, was im Rückblick vor allem weh tut, diese emotionale Deformation einer Neunjährigen. Der Weg ins Eisfach der Unempfindlichkeit. Den so viele von uns kennen, die als Kinder auf die eine oder andere Weise verletzt worden sind.

Dieses Kind liegt Monate und dann noch viel länger im selben Zimmer, im selben Bett mit Blick auf denselben Vorhang, gelbe Blumen auf grüner Wiese. In seinem Blickfeld steht auch ein brauner hässlicher Kachelofen. Ein Relikt aus Kriegsjahren. Er ist nicht zufällig dort stehen geblieben, sondern aus Furcht – «falls wir ihn mal wieder brauchen». Die Nachkriegsangst wohnt mit dem Kind in dem Raum.

Die liebsten Erinnerungen sind die Tauben, wenn sie morgens früh vor dem Fenster den Tag begrüßen, oder wenn an heißen Nachmittagen ihr besänftigendes Sommergurren durch die halbgeschlossenen Fensterläden hineindringt ins Zimmer. Ein Trostgesang. Den dicken Vögeln abgelauscht im verdunkelten Raum.

Die schmerzlichsten Erinnerungen sind das laute Geplauder und Gelächter, das von unten heraufschallt, wenn Familie und Freunde sich zu gemeinsamen Mahlzeiten treffen. Im Winter sind es die begeisterten Rufe von rodelnden Kindern vor seinem Fenster. Es hört, wie sie jubeln, und kann sich nicht einmal aufrichten, um hinauszuschauen, ihnen zuzusehen.

Nach etwa einem halben Jahr im Bett hört das Kind auf zu essen. Weigert sich, auch nur einen Teelöffel Apfelmus oder Suppe zu sich zu nehmen, die man ihm ständig und immer besorgter vor den Mund hält. Es schüttelt den Kopf, kneift die Lippen zusammen und erklärt, nie wieder essen, nicht mehr leben zu wollen. Es ist inzwischen zehn Jahre alt. Jeden Morgen saugt es heimlich am Schwamm, mit dem man es wäscht, und übergibt sich. Wochenlang verweigert es jede Nahrung.

Weihnachten löst man die Gewichte von den bandagierten Beinen, hebt das Kind aus dem Bett, legt es auf einen Liegestuhl und trägt es ins Erdgeschoss, ins Weihnachtszimmer. Kamen Sanitäter, um es zu tragen? Das Kind ist jetzt in Räumen, die es über ein halbes Jahr nicht gesehen hat – das ist eine lange Zeit in seinem kurzen Leben. Es ist schön dort. Ganz anders als oben im ersten Stock. Hier sind Menschen, die hin- und hergehen, herumsitzen, miteinander reden, hier duftet es nach Tannenzweigen, brennenden Holzscheiten und Essen. Es liegt vor dem Weihnachtsbaum mit seinen grünen Kugeln, neben dem alten Sofa mit den dicken Noppen in der Rückenlehne, dem roten Sessel mit dem bestickten Kissen, vor sich das Feuer im Kamin, daneben das Wildschwein aus Leder mit dem abgerissenen Schwanz. Der Esstisch ist sorgfältig gedeckt. Silber und Kristall, altes Porzellan, Tannengestecke mit dicken Kerzen, Stoffservietten passend zur Tischdecke. Das Kind fühlt sich offenbar geborgen und getröstet. Denn als der Puter mit Sauerkraut auf den Tisch kommt, greift es nach einer Salzstange und isst sie. Und dann noch eine und noch eine. Das Kind hat glänzende Augen und kaut Salzstangen.

Endlich soll der Streckverband abgenommen werden. Aufregung, Hoffnung – vielleicht weiß sie es noch, aber vielleicht denkt sie auch nur, dass es so gewesen sein müsste. Es kommt ein Arzt mit schwarzer Brille – die Erinnerung sagt, er trägt auch einen schwarzen Anzug – und macht sich ohne Umstände entschlossen ans Werk. Ohne Tinktur und Tupfer. Er versucht gar nicht erst, den Pflasterverband sanft abzulösen. Mit groben Händen und schwitzend vor Anstrengung reißt er ab, was mehr als ein halbes Jahr auf den Kinderbeinen geklebt hat. Fetzt dem Kind den Verband und auch die Haut von den weichen Innenseiten der Schenkel, den Kniekehlen, dem empfindlichen Schienbein. Immer wieder. Mit grausamer Energie. Pflaster um Pflaster, Hautstreifen um Hautstreifen – so viele Pflaster, so viele Hautstreifen, es ist ein Herunterreißen, ein Schreien, ein zuckender Körper, ein Albtraum.

Der Arzt, der tatsächlich Mordhorst hieß, blieb auch danach der Hausarzt der Familie.

Und jetzt ist die Frau, die einst dieses Kind war, wieder Ärzten ausgeliefert – oder glaubt es zu sein. Und wehrt sich. Ist eingeschüchtert und begehrt auf. Hat tintendunkle Wut. Sie will den, der jetzt krank ist, mit Hilfe von Ärzten, aber eben auch vor Ärzten retten. Niemand soll ihm die Haut abreißen. Das Damals scheint auf. Sie erinnert sich. Und will sich nicht erinnern. Und muss es tun. Denn das hat sie irgendwann verstanden: Wenn sie an ihre Kraft will, muss sie durch die Urschlamm-Traurigkeit hindurch.

Das schöne Weihnachten, an dem das Kind seinen Hungerstreik aufgegeben hatte, war lange her. Und ein bisschen hatte es sich wohl getäuscht, im Gefühl von Lebenswärme geborgen zu sein, dort in dem schönen Zimmer mit dem großen Tannenbaum. Erst viel später macht ihre Schwester sie aufmerksam auf ein Foto, das die Mutter ins Jahresalbum geklebt hat.

Zu der Zeit des Fotos lag das Mädchen schon seit Jahren nicht mehr im Bett und ging auch nicht mehr an Krücken, aber es hinkte, zog ein Bein nach. War ein dickliches Humpelkind. Das die Eltern mitgenommen hatten in die Skiferien, obgleich es natürlich nicht Ski laufen durfte. Die Eltern residierten im Grandhotel, das Kind war mit dem Kindermädchen in einer kleinen Pension nebenan untergebracht. Als Erinnerung an diese gemeinsamen (sic!), sportlichen (sic!) Tage steckte nun im Fotoalbum die Postkarte einer flotten jungen Skifahrerin, deren Gesicht die Mutter mit dem Gesicht des lahmen Kindes überklebt hatte. Lustig sollte das sein. Lustig?

Schau mal genau hin, sagt ihre Schwester.

Schäbig, empört sich eine Freundin.

Eine Therapeutin hebt nur die Augenbrauen.

Und sie selbst?

In seinem Roman ‹Nach seinem Bilde› schreibt Jerome Ferrari über Fotografien: «… als würden sämtliche Augenblicke der Vergangenheit simultan weiterbestehen, nicht jedoch in Ewigkeit, sondern in einer unbegreiflichen Fortdauer der Gegenwart.» «Die Kindheit», hat Elisabeth Borchers einmal gesagt, «ist das Herz des Menschen.» Manchmal glaubt man, sich dieses Herz herausreißen zu müssen, um leben zu können. Und irrt. Weil das, was man loswerden wollte, mit Macht zurückdrängt in den Hohlraum, weil man ramponiert bleibt und nicht versteht, woher die innere Brüchigkeit kommt. Das wäre der Moment, Verbindung aufzunehmen mit der Vergangenheit, die man vergessen wollte, das verletzte Ich aufzuspüren, das man einst war. Was für ein Akt der Courage – und Courage hat die Frau, die einst dieses Kind war, über Jahrzehnte nicht gehabt. Sie verdrängte, vergaß, taumelte, strauchelte.

Als er krank wurde und krank blieb, wurde es hohe Zeit für sie, in die Kindheit und nach dem Kind zu schauen. Sie hatte es dort liegen lassen in seiner Not, seiner Traurigkeit, seinem Zärtlichkeitshunger, seinem Alleinsein. Hatte es nicht aufgenommen bei sich, um es nachträglich zu erlösen. Den freundlichen Blick auf Menschen hatte sie dort, wo sie herkam, nicht gelernt. Auch nicht den freundlichen Blick auf sich. Den sie jetzt so braucht. In der nächsten Krankheit. Seiner Krankheit. Den freundlichen Blick auf ihn und auf sich. Und den Mut, Verwundbarkeit zuzulassen.

Seelenkärgling, hat der Schriftsteller Albert Vigoleis Thelen einmal seinen Vater genannt. Und man sieht einen solchen Menschen vor sich, der die Muschelschale um sich herum zuklappt und sich einsperrt in eine unbekömmliche Unbiegsamkeit. Die einen allerdings für eine Weile scheinbar schützt. Flucht in Verdrängung ist so oft beides. Erst Notwendigkeit und dann Versäumnis. Und wenn man nicht spürt, wann der eine Zustand in den anderen kippt und man sich zu oft vor sich in sich versteckt, dann verliert man sich.

Jetzt also gilt es, verschlossene Seelentüren zu entriegeln, die Einfallstore für Gefühle zu öffnen, den alten Schmerz erneut zu spüren, den Panzer zu zertrümmern, der einen einst gerettet hat und dann so belagernd einengte. Es braucht viele Hammerschläge, um das Gehäuse zu zerlegen. Natürlich friert man dann jedes Mal, wenn man im Hemd im Lebenswind steht.

Der amerikanische native Autor Tommy Orange schreibt in seinem Roman ‹Dort Dort›: «Wir haben alle viel durchgemacht … in dieser Welt, die uns entweder zerbricht oder uns so hart macht, dass wir selbst dann nicht mehr zerbrechen, wenn es dringend notwendig wäre.» Nennen wir es Panzer oder Eisbox, in denen wir unsere verdrängten Ängste verwahrt haben. Und vermutlich frieren in vielen von uns viele kleine eiskalte Gestalten, die wir nun herausspazieren lassen könnten. Manche kriechen vor lauter Schreck gleich wieder zurück. Müssen immer wieder hervorgeholt werden. Es tut weh, wenn sie auftauen. Wie abgefrorene Zehen am Kamin.

David Grossman, der sich immer wieder aufmacht, den Kern des Menschen zu ergründen, «dieses Beben der Einmaligkeit», wie er es nennt, erzählt in seinem Roman ‹Kommt ein Pferd in die Bar›, von einem Mann, der sich hinter der Maske eines bösen und schrillen Comedian verbirgt, um den sensiblen Intellektuellen und das verletzte Kind in sich zu beschützen. Der sich im Eis der Unempfindlichkeit einzurichten versucht. Erst nach und nach begreift man, dass die scheinbare Abgebrühtheit sein Harnisch ist, um eine lebenslange Verzweiflung ertragen zu können. Jetzt wird die Rüstung aufgebrochen. Jetzt überlässt sich der Comedian geradezu tollkühn der Erinnerung, macht sich schutzlos, zeigt sich, sieht sich in all seinen Beschädigungen und lässt andere ihn sehen. Grossman zieht uns hinein in einen gähnenden Abgrund von Schmerz, Zorn und Schutzzynismus in diesem klugen, magischen, seelenwunden Roman.

Und dann, so sagt er es einmal so weise wie zärtlich in einem Gespräch über das Buch, dann komme nach dem Schmerz der Moment der Süße der Versöhnung mit sich, zwischen dem, der man war, und dem, der man ist.

«The sweetness of becoming one again.»

Für mich ist dieser Satz ein Lebenssatz geworden.

«The sweetness of becoming one again.»

Das zersplitterte Ich zusammenzufügen zu einem Ganzen. Ein einiges Ich zu werden.

Und das ist die Hoffnung: auch dann, wenn man wieder einmal ein Stück seiner verbannten Kindheitsnot in diese oder jene Lebenskrise hineingeschleppt hat. Der neuen Herausforderung mit einem besänftigten, befreiten und versöhnten Ich begegnen zu können.

8. KAPITEL

Immer zu Hause

Da wir nicht in die Welt können,
möge die Welt zu uns kommen

Die Freunde reisen. Kommen zurück aus Indien, New York, Marokko, Florenz oder Köln und fragen: Und wie ist es bei euch?

Dann sehe ich mich um und sage: Nix Neues. Alles wie immer. Wir sind zu Hause. Sind wie immer zu Hause.

Wie ist man immer zu Hause. Wie ist es, immer zu Hause zu sein. Wo gibt es Abwechslung. Woran kann man sich freuen. Es gibt – immer wieder – den Trost der Schönheit. Es gibt das Blätterrauschen der Pappeln vor unseren Fenstern und den Blick auf viel Himmel, es gibt das Eichhörnchen auf dem Balkon, das neugierig von Blumentopf zu Blumentopf hüpft, es gibt die erste Rosenblüte, die Rosinenbrötchen vom Lieblingsbäcker. Trost ist ein gutes Blutbild, ein netter Anruf, die gestampften Süßkartoffeln mit Knoblauch und Koriander.

Wir wollen, nein, wir müssen alles genießen, was

genießbar ist. Genuss ist das Gegengift für die Zumutungen. Es gilt, in den kleinsten leichten Momenten zu schwelgen. Krisen verengen oft den Blick – auf sich, die eigene Situation, das häusliche Sein. Freude öffnet das Panorama, schenkt Pausen, Aussichten, Belebung.

Wie lebt man in der Krankheit und bleibt in der Welt? Wie eine Balance herstellen zwischen dem Drinnen und dem Draußen. Wie viel Welt kann man ertragen. Wie viel Welt braucht man. Türen auflassen oder zumachen. Baut man sich eine Trutzburg, hinter der man sich schutzsuchend verbarrikadiert, oder entflieht man der Einsamkeit durch Gastfreundschaft. Wen möchte man sehen, und wer traut sich zu kommen.

Vielleicht habe ich deshalb die Wohnungstür rubinrot streichen lassen. Nie würde ich meine Lippen schminken in diesem Rot. Dafür sind sie zu alt. Die Tür ist auch alt, aber sie verträgt das Rot, wirkt nicht aufgetakelt, wie ich es täte. Vielleicht wollte ich eine rote Haustür, um den Besuchern zuzurufen: Hier ist es, kommt herein, es ist nicht irgendeine Tür im Haus, sondern unsere.

Krankheit und Einsamkeit sind wie Münze und Magnet. Schnellen aufeinander zu und lassen sich nur mit Kraft wieder trennen. Oft pulst das Leben draußen – und drinnen herrscht invalide Ruhe. Es gibt Kranke, die sich einmauern, sich verstecken. Niemand soll sie sehen in ihrem abgewrackten, ihrem vielleicht erbärmlichen Zustand.

Er hat sich immer in all seiner Drangsal und Versehrtheit gezeigt, wollte immer Menschen um sich. Eine kluge Entscheidung. Denn wenn man mit einer Krankheit wohnt und alleine bleibt, setzt sich die Gebrechlichkeit in die Wände. Dann werden die Räume still und traurig. Also müssen Menschen kommen, Menschen mit ihren Stimmen. Es müssen Freunde, oder solche, die es werden könnten, am Tisch sitzen, es muss geredet und gegessen werden, damit die Zimmer sich füllen mit Bildern, Tönen, mit Erinnerungen. Und so wurde unser Motto: Da wir nicht in die Welt können, möge die Welt zu uns kommen.

Also laden wir ein, üben es, Gäste zu haben in diesem neuen Leben. Am Anfang sitzt immer er in seinem Rollstuhl am Kopfende des Tisches, der gebeugte fast stumme Mann mit dem wachen Blick – bis eine Freundin das moniert. Warum ihn in den Mittelpunkt stellen, fragt sie, das ist, als ob du sagen wolltest, schaut her, wie hart unser Leben ist. Für sie sehe das aus nach Selbstmitleid und Manipulation.

Wieder eine, die Krankheit nicht aushält, denke ich wütend und habe dann doch mich ans Kopfende gesetzt und ihn neben mich, damit ich ihm beim Essen helfen kann. Ich weiß bis heute nicht, ob sie recht hatte. Aber ich weiß, dass mich ihre Bemerkung verunsichert hat. Was ist anderen zumutbar? Auch wenn wir im Restaurant essen – was selten genug vorkommt –, frage ich mich das. Es war nicht immer appetitlich, ihm beim Essen zuzusehen. Soll, kann ich von den anderen Gästen erwarten, das auszuhalten? Müsste ich es aushalten, einen anderen Gast, einen Fremden, so am Nebentisch sudeln zu sehen?

Wir wollen Menschen, wir holen uns Menschen, wir laden ein – zum Essen, zu kleinen Lesungen, zu Diskussionsrunden, zu Frauen-Essen, Frühlings-Essen, Zwischen-den-Jahren-Essen; wir feiern Wahlpartys und Geburtstage. Ich koche für Gäste, Freunde kochen für uns. Sie singen, erzählen, reden für uns.

Wir brauchen Geschichten, um zu leben.

Wenn sie kommen, sitzt er in seinem Rollstuhl und sagt den Satz, den er vorher geübt hat: Was möchten Sie trinken, den er – ganz der Gastgeber von früher – jeden fragt, der ihm guten Tag sagt. Manche haben sich selbst bei uns zu Hause davor gedrückt, zu ihm zu gehen und ihm die Hand zu geben.

Wir wollen Welt. Aber oft weiß die Welt nichts anzufangen mit uns. Krankheit verstellt vielen – wie ein Felsrutsch auf der Straße die Weiterfahrt – den Weg zur Nächstenliebe. Nennen wir es Scheu, Unbehagen, Unbeholfenheit. Oder auch mangelnde Empathie, die man doch braucht für sich und für andere im Zusammenleben. Mit schwerer Krankheit konfrontiert zu werden, treibt manche in die Flucht oder in verdeckte Aggression.

Es geht dir doch gut, sagt einer, von dem ich dachte, er sei ein Freund. Alle Welt bewundert dich.

Er kennt sich offenbar nicht aus im Leben und unter den Leuten, weiß nicht, dass Menschen sich mit verschwenderischer Lobhudelei gern selbst schützen vor unbequemer Bestürzung.

Vor Jahren habe ich einmal eine Ausstellung über van

Gogh gesehen. Mit Selbstporträts und Porträts, die andere von ihm gemacht hatten. Gequält schaut der Mann, der sich selbst malte. Ganz vergnügt sieht dagegen der aus, den die anderen auf die Leinwand bannten. Hat er unter einer Maske gelebt, sich versteckt vor den Blicken der anderen, oder wollten seine Malerfreunde nicht sehen, wie es ihm ging, was ihn in seinem Inneren zerriss? Wollten sie seiner Scharade glauben, um sich zu schützen vor dem versengenden Brand in ihm?

Ein Mann, den ich kaum kenne, stürzt einmal auf mich zu, küsst mir zu meinem Schrecken die Hand und ruft: Wie ich Sie bewundere dafür, so aufopfernd da zu sein für Ihren Mann. Aufopferung – natürlich ist das Wort weiblich.

In einer Zeitung wurde einmal eine Frau zitiert, die ihren kranken Mann ganz allein, ohne jede Hilfe pflegte. Aufopferungsvoll wurde sie in dem Artikel bewundernd genannt. Das wollte ich nie sein. Eine Kümmerfrau, die selbst verkümmert. Aber wenn Menschen mich fragten: Wie geht es Ihnen, antwortete ich oft, er hatte gerade eine Mageninfektion oder Fieber oder …

Weil es mir nur so ging, wie es ihm ging? Dann schrieb ich mir in großen Lettern «Innere Freiheit» auf einen Zettel und pinnte ihn an die Wand. Selbstaufopferung war nicht mein Ziel. Schon das Wort mag ich nicht. Die Taten sind mir oft suspekt. Ich misstraue den Motiven jener, die sich selbstlos kaputt machen, sich entsagend hingeben und sich womöglich ganz bescheiden – haha – als vortrefflich gerieren. Wenn die Selbstaufopferung also in Wahrheit der Selbstheroisierung dient.

Einmal habe ich während einer Zugfahrt ein Paar beobachtet und viel gelernt über angebliche Fürsorge. Eine kompakte Frau mit onduliertem Kopf und Blumenbluse über mächtigem Busen saß neben einem eher zierlichen, offensichtlich versehrten Mann in weißem Hemd mit Schlips. Eckige, fahrige Bewegungen, unruhiger Blick, tastende Schritte, wenn sie ihn an der Hand zum Speisewagen führte. Sie hat ihn mit Zärtlichkeit überschüttet. Den Kopf gestreichelt, den Arm gehalten, überbordend gegurrt. Hat ihn geführt und gezerrt, ihn umfangen und erdrückt, ihn liebkost und verschlungen. Sie genoss es sichtlich, ihn unter Kontrolle zu haben. Ihre Zärtlichkeit war ihr ganzer Stolz. Es tat ihr gut, sich als eine so barmherzige Frau zu sehen und zu präsentieren, eine so geduldige Hüterin ihres Mannes, ein staunenswertes Wesen, das man bitte bewundern möge. Ihr Gesicht strahlte vor Genugtuung. Er schrumpfte unter ihrer Zuwendung.

Man kann sich auch erbarmungslos aufopfern.

Natürlich musste ich Opfer bringen. Viele und täglich. Und ich bin sicher, dass ich die Grenze zur Aufopferung immer wieder überschritten habe. Häufiger, als ich es wollte. Häufiger, als ich es bemerkte.

Und wer passt eigentlich auf dich auf, fragt einmal meine Schwester. «Wenn du mit dir selber schlecht umgehst, wem bist du dann gut?», mahnte schon der heilige Bernhard von Clairvaux im 11. Jahrhundert.

Angehörige von Kranken, so heißt es oft, müssten darauf achten, sich selbst nicht aus dem Blick zu verlieren. Nur, woher nimmt man die Kraft, den Blick auf sich zu richten.

Und woher wissen Sie, frage ich kühl den Mann, der mich angeblich so bewundert, dass ich ihn nicht täglich schikaniere? Er zieht sich pikiert zurück. Dankbarkeit hatte er wohl erwartet, etwas Rührung und ein paar dekorative Tränen vielleicht. Hatte sich womöglich auch ein paar pikante Details erhofft, die sich so schön saftig weitererzählen lassen. Wie die Frau, die eines Tages auf mich zukommt, räuberisch Ausschau haltend nach fremdem Leid, und fragt, ob ich gehört hätte, dass die Frau M. schwer erkrankt sei.

Die hat doch schon den behinderten RollstuhlMann. Was macht sie denn nun?

Sie ahnt offenbar nicht, dass sie diese aufregende Neuigkeit genau mit der Person teilt, von der sie gerade redet, die eine OP hinter sich und eine Bestrahlung vor sich hat.

Kennen Sie das Paar, fragt die Begierige erwartungsvoll.

Keine Ahnung, sage ich, von wem Sie reden.

Enttäuscht zieht sie weiter.

Da ist mir doch die Freundin lieber, die an demselben Abend fragt: Was machst du denn jetzt. Bringst du euch um?

Weißt du was, sagt eines Tages ein Mann zu mir, du bist wirklich eine Heilige, und verschwindet zufrieden mit sich im Gewühl des Empfangs, auf dem wir beide zu Gast sind. Fassungslos stehe ich da. Halte mich fest am

Stehtisch, am Weinglas. Es ist offenbar ein angenehmes Gefühl, Menschen folgenlos zu loben. Man sagt die schönen Worte und hält die nötige Distanz. Käme man näher, müsste man ja womöglich Hilfe anbieten, müsste da sein für die Bedürftigen, müsste ihnen Zeit und Aufmerksamkeit schenken, sie besuchen, Blumen vorbeibringen, ein Essen kochen für sie. Da wird die Menschenfreundlichkeit mühselig. Aber Worte schenken sich leicht. Vermutlich denkt der Mann, mir kurierenden Trost gespendet zu haben. Der habe ich gutgetan, wird er später seiner Frau erzählen. Ich glaube, sie war mir dankbar.

Ich will keine falsche Bewunderung. Was soll ich damit. Sie macht mich nicht stark. Und das muss ich doch sein. Nähe stärkt mich, Freundschaft, praktische Hilfe. Mehrmals sind couragierte Freundinnen gekommen und haben ihn gehütet, damit ich ein paar Tage wegfahren und weg sein konnte. Haben ihm die Brille gebracht, wenn er seine Pille wollte, haben hilflos an seinem Bett gestanden, wenn er wütend wurde, weil sie vergessen hatten, ihm seinen Apfel zu bringen oder seinen Arm auf einem Kissen zu lagern. Sie haben ihn ausgehalten. Und die prekäre Situation. Noch heute erzählt eine Freundin mit einem leichten Schauder in der Stimme, wie sie sich ängstlich zum ersten gemeinsamen Abendessen mit ihm an den Tisch gesetzt habe. Hatte sie auch kauleicht genug gekocht. Würde er sich etwa verschlucken. Wann genau sollte sie ihm den Becher mit dem angedickten Saft in die Hand geben. Und noch während sie ihm das pürierte Gemüse auf den Teller löffelt, beginnt er mit schlackernder Hand an dem elektrischen Rollstuhl zu hantieren, den er gerade erst bekommen hatte. Und auf einmal fährt das Ding los. Klemmt ihn ein zwischen Tisch und Rollstuhl. Hektisch kurbelt er weiter, und es setzt sich der ganze große Esstisch mit erstaunlicher Geschwindigkeit in Bewegung. Sie hätten beide laut geschrien vor Schreck, sagt sie, ihre Phantasie habe Purzelbäume geschlagen, bevor sie endlich gemeinsam das unheimliche Gefährt kurz vor der Wand zum Stehen gebracht hätten.

Es waren die Freundesgeschenke, die mir immer wieder kleine Freiheiten, kleine Flattergefühle des Glücks beschert haben. Einmal hat eine Frau ein ganzes Weihnachtsmenü für uns gekocht, Rehrücken und Soße, Rotkohl und Kartoffelpüree, Preiselbeeren, geschmorte Äpfel, Vanillepudding mit Himbeermark. In großen Kisten brachte sie alles vorbei.

Tom Drury, ein sehr zu Unrecht immer noch viel zu unbekannter Schriftsteller bei uns, erzählt in seinen Romanen viele kleine genial skurrile Geschichten über Menschen, die irgendwo im Nirgendwo leben, und hat eine Szene geschrieben über tätige Hilfe, die so wunderbar hilflos ist, dass ich sie nie vergessen habe und hier zitieren muss: «Helen Plum reagierte auf fast jede Art von Neuigkeiten mit einem Auflauf, und in Fairbault in Minnesota war sie einmal, als ein Zwölftonner ausbrannte, mit einer Pfanne Bratkartoffeln mit Schinken am Ort des Geschehens erschienen.»

Nach dem Tod eines geliebten Menschen, schreibt Joan Didion, in ihrem großartigen Buch ‹Das Jahr des magischen Denkens›, braucht man weniger die gestammelten oder gar glatten Kondolenzworte als vielmehr die warme Suppe, die jemand still abgestellt hat vor der Tür.

So ist es auch vor seinem Tod. Ich brauche Hilfe, kein Gehudel, brauche Aufmerksamkeit, Freundlichkeit – brauche halt all das, was ein Mensch in Not braucht.

Wenn wir, wie so oft, zu Abendessen bei Leuten, die uns früher nur zu gern dabeihatten, nicht eingeladen sind, sagt er mit kleiner Stimme: Das liegt an mir. Sie laden uns nicht ein, weil sie mich nicht wollen.

Na super, antworte ich, dann wissen wir doch, woran wir sind. Wollen wir da etwa hin?

Dann grinst er.

Aber er hatte recht: Einer seiner ältesten Freunde feiert einen runden Geburtstag und lädt ein. Bei meiner Zusage frage ich, ob es schwierig sei, mit dem Rollstuhl in den Raum zu kommen. «Wir haben dich eingeladen», schreibt er zurück.

Eine ach so wohlwollende Frau moniert, wie blass und elend ich aussehe. Du siehst richtig schlecht aus, sagt sie. Also jetzt tust du ihn in ein schönes Heim, besuchst ihn jeden Tag, und dann ist es gut.

Es gibt Freunde, die wegbleiben.

Ich bin mir sicher, schreibt einer, dass er so, wie er jetzt ist, gar nicht gesehen werden möchte von mir, sondern dass ich ihn, wie er war, in Erinnerung behalten soll.

Er liebt es, besucht zu werden, antworte ich.

Ich höre nie wieder von dem Mann, der so überaus rücksichtsvoll die Wünsche seines Freundes vermutet, um bloß sich selbst nicht zu beschweren.

Ich konnte nicht kommen und euch besuchen, schreibt ein anderer nach seinem Tod, ich habe es einfach nicht geschafft.

Dann wünsche ich dir eine robuste Gesundheit bis zum Ende, schreibe ich zurück, damit du nicht traurig sein musst, wenn deine Freunde so wegbleiben, wie du weggeblieben bist.

Das war eine derbe Antwort. Ich hätte auch fragen können, warum er wegläuft vor Krankheit und Todesnähe. Welche Angstgeister ihn bewohnen. Hätte mitfühlend sein können. Dann hätte ich mehr gelernt über ihn und vielleicht auch über mich. Hätte uns beide ein bisschen befreit. Und besser verstanden, warum so viele ausblenden, was sie nicht sehen wollen, das Unglück an den Rand schieben – da mag es kippen in den Abgrund, in den man nicht schaut.

Ich habe den Abgrund ja fast nie erzählt. Habe nicht beschrieben, wie es war, wenn er zum Zahnarzt musste. Wie er sich wehrte, wie er verkrampfte, der ganze Körper versteifte, weil gänzlich ausgeliefert mit offenem Mund auf dem herabgekippten Stuhl zu liegen eine solche Qual war für ihn.

Ich habe nicht erzählt, wie es war, wenn Ärzte versuchten, sein immer wieder aufflackerndes Vorhofflimmern zu behandeln mit Elektrokardioversionen, um mit Stromstößen den Herzrhythmus wieder in den Sinusrhythmus zu führen. Wie angstvoll er sich auf den Tisch legen ließ, damit die Maschine mit den Elektroplatten sich auf seine Brust senken und knallend losschießen konnte.

Ich habe nicht erzählt, wie er litt, wenn er im Auto mitten auf einer Landstraße, wo es keinen Abzweig gab, um parken zu können, dringend pinkeln musste.

Ich habe nicht erzählt, welche Angst vor Feuer ihn plagte. Vor einem Kurzschluss. Er hätte sich nicht retten können. Er wäre verbrannt im Bett. Jede Lampe in seinem Zimmer, den Motor seines Bettes – alles habe ich immer wieder prüfen lassen, um ihn (und mich) zu beruhigen.

Ich habe nicht erzählt, wie angstvoll er sich von kleinen Pflegerinnen aus dem Bett holen ließ, weil er ihrer Körperkraft misstraute und so sehr fürchtete, fallen gelassen zu werden.

Ich habe nicht erzählt, wie er für eine Augenoperation ins Krankenhaus musste, und zitterte vor Angst, nun auch noch blind zu werden.

Aber es ist nicht nur das Unglück, das manche Menschen scheuen und vor dessen Anblick und Ansteckung sie sich fürchten. Wie wir uns wohl alle davor fürchten, in Kranken etwas zu sehen, was auch uns heimsuchen könnte. Es ist auch die Schwäche, mit der viele nicht umgehen können. Da sitzt ein Mann, mit dem man früher mit geschwelltem Kamm um die Wette gegockelt oder mit dessen Nähe man sich geschmückt hat, schlaff und stumm im Rollstuhl. Da schleicht sich schnell ein bisschen Verachtung ins Mitleid. Der ist weg vom Fenster. Da will ich nicht hin. Von dem halte ich mich lieber fern. Immer wieder heißt doch die Devise in unserer Gesellschaft: Bloß keine Schwäche zeigen.

Aber ist man ein ganzer Mensch ohne Schwäche? Lebt es sich nicht heilender, wenn man alles lebt in sich? Und ist nicht der, der Schwäche fürchtet, der Schwächste von allen? Denn es geht ja dabei um die trügerische Empfindung, selbst besser zu sein als der, auf den man herabsieht. Ein für alle unbekömmliches Gefühlsgemenge. Selbstvergiftung, nennt es eine Freundin, weil man nicht nur den anderen, sondern auch sich selbst beschädigt mit abwertender Geringschätzung. Indem man den anderen kleinmacht, denkt man sich groß und ist tatsächlich nicht nur ein emotionaler Winzling, sondern auch noch mies. Selbstvergiftung, mit der man auch die Welt vergiftet.

«Ich versuche, den Menschen, dem ich begegne, nicht zum Objekt meiner Bewertung zu machen, weil ich sonst meine eigene Würde verletze», hat Gerald Hüther einmal in einem Interview gesagt.

Es gab auch Menschen, die Angst hatten vor dem Schmerz. Es tat weh, ihn in seinem geplagten Zustand zu sehen. Das wollten sie sich ersparen. Und dachten offenbar, das würde ihnen guttun. Was für ein Irrtum. «Das Mitfühlen», schreibt Arno Gruen, «ist die Grundlage des menschlichen Zusammenlebens.» Und: «Schmerz kann die Basis sein einer empathischen Entwicklung.»

Manche haben sich unsere Situation schöngeredet. Und sich so geschützt vor der Mühsal ihres Mitgefühls. Sie sahen, was sie sehen wollten: die schöne Wohnung, die wunderbare Pflegerin, die fröhlichen Abendessen an dem großen Tisch in der Küche. An denen er manchmal ganz vergnügt sein püriertes Gemüse löffelt, während ich in vielen Pfannen Geschmortes und Gesottenes anrichte. Es wird geredet, gelacht, diskutiert. Hin und wieder versucht er mitzureden. Und ich versuche, am Herd hantierend, gleichzeitig zu übersetzen.

Wenn eine schöne Frau ihm gegenübersitzt, beugt er sich vor, um sie besser sehen und verstehen zu können. Hin und wieder kann er mit einem Satz den Konflikt zusammenfassen, den sie gerade in vielen Worten erzählt hat. Und wenn die schöne Frau dann staunt, ist er glücklich.

Oft allerdings bleibt er stumm. Wer nicht wollte, musste die Not wohl nicht sehen. Vielleicht wollten wir ja auch eine Fassade aufbauen. Damit die, die bei uns saßen, gern wiederkamen. Wenn die Pflegerin ihn nach dem Essen holt, um ihn ins Bett zu bringen, und ihn alle im Chor verabschieden, grinst er. Aber wenn ich dann wenig später an sein Bett komme, sehe ich so oft in seinen Augen die Trauer darüber, wieder einmal nicht mitgeredet zu haben.

Und trotzdem, sage ich und streichle ihn, verändert sich der Abend, verändern sich die Gespräche durch deine Präsenz. Die Menschen sehen dich, sie sind berührt, kennen deine Intelligenz. Sie plappern weniger haltlos vor sich hin. Und sie müssen selber langsamer werden. Müssen sich gedulden, bis ich übersetzt habe. Das tut uns allen gut.

Natürlich weiß er, dass nur teilweise stimmt, was ich sage, verspeist dann aber doch ganz zufrieden die Schokomousse, die ich ihm mitgebracht habe.

Ich bin nicht gekommen, weil ich nicht aufdringlich sein wollte, sagt eine.

Du hättest fragen können, antworte ich. Sie schweigt. So gehen uns viele aus dem Weg. Manchmal sind es gerade jene, die sich vorher Freunde genannt haben. Manche bleiben Freunde, und es kommen andere, die sich uns vorsichtig nähern und verlässlich bleiben. Als Vorleser.

Bald habe ich einen Pool von siebzehn Menschen, die ihm vorlesen – und am Ende gar eine Warteliste. Einer kommt jeden Montag, eine jeden Mittwoch, eine jeden Sonntag. Die anderen frage ich per E-Mail an und trage sie ein in den Kalender, der an seinem Bett liegt. Ein Extrakalender, nur für die Vorleser. Jeden Morgen fragt er: Wer kommt heute? Und wenn ausnahmsweise mal keiner kann, und ich sage, heute lese ich, zuckt er mit den Schultern und brummt: Auch egal. Er liebt die Vorleser.

Um ein Kind zu erziehen, braucht es ein ganzes Dorf, sagt ein nigerianisches Sprichwort. Auch um einen Kranken zu pflegen, braucht es ein Dorf, eine Großfamilie, eine Umgebung. Man kann allein kein Dorf sein. Mit den Vorlesern kamen wir gemeinsam dem Dorfgefühl näher. Diese Art der Hilfsbereitschaft war ein immerwährender Trost. Ohne diese Gruppe hätten wir weniger gelebt, weniger gelacht, weniger gewusst, was Herzlichkeit, was Güte und Freundschaft ist.

Es gibt ein kluges Buch von dem Psychoanalytiker Adam Phillips und der Historikerin Barbara Taylor über die Kulturgeschichte der Freundlichkeit. ‹Diskrete Anmerkungen zu einer unzeitgemäßen Tugend› heißt der Untertitel. Denn während in unserer Gesellschaft, so die Autoren, die Freundlichkeit meist als Schwäche verpönt werde, sei sie tatsächlich ein Quell des Wohlbefindens, sie mache uns glücklich, vermittle uns ein Identitätsgefühl, helfe uns, einen Sinn zu finden im oft so sinnleeren Dasein. Welch ein Paradoxon: Genau das, was uns labt, haben wir gelernt zu verachten. Das ist nicht mein Problem, rufen wir hinaus in die Welt – als könne die Abgrenzung von anderen uns helfen, ins Glücksland der Sorglosigkeit einzuschweben. Freundlichkeit, schreiben die Autoren, sei eine in der Moderne unterdrückte Leidenschaft des Menschen.

Die Vorleser haben diese Leidenschaft nicht unterdrückt, sie haben sie gelebt.

Schon in der Rehaklinik hatte mir die einzige kluge Krankenschwester (ausgerechnet sie wurde später wegen Trunksucht gefeuert) vorgeschlagen, ihm etwas zu erzählen, etwas vorzutragen, ein Gedicht vielleicht, um seinen Kopf anzuregen. Wenn Freunde kamen, bat ich sie nun, eine Zeitung mitzubringen und ihm vorzulesen. Sie waren erleichtert, eine Aufgabe, eine Funktion zu haben. So mussten sie nicht versuchen, zu reden mit ihm, seine verstümmelten Worte zu verstehen, was meist misslang und beide traurig und betreten machte.

Ich mochte die Form so gern, sagt eine, die immer wieder kam, um vorzulesen, es hat mich entlastet, machte den Krankenbesuch so einfach; man wusste, was zu tun war und hatte kein schlechtes Gewissen, keine Unsicherheit, nicht zu genügen, ihm nicht zu geben, was er vielleicht brauchte.

Die Vorleser gaben ihm ihre Zeit, ihre Stimmen, ihre Kommentare. Hör dir das an, riefen sie, wenn sie politische Nachrichten lasen, was für ein Wahnsinn. Haben unsere Politiker denn keinen Verstand mehr. Und die Journalisten auch nicht. Stell dir vor, was du aus dem Thema gemacht hättest. Dann lachten sie gemeinsam. Und er freute sich, dass die anderen sich erinnerten an den, der er mal gewesen war.

Manchmal wollte er diskutieren mit ihnen – und scheiterte meist. Wenn es unbehaglich wurde und er seinen Satz vergebens immer und immer wiederholte, bin ich von meinem Schreibtisch aufgestanden – mit einem Ohr war ich ohnehin immer bei ihnen –, bin hinübergegangen ins andere Zimmer und habe übersetzt. Und dann lasen sie weiter.

Er sprach besser, sagt einer, wenn du nicht da warst, dann wusste er halt, es gibt niemanden, der ihm hilft.

Einige kamen jede Woche, andere einmal im Monat oder wann immer sie Zeit hatten. Manchmal blieb der eine oder die andere zum Abendessen. Es waren nicht nur enge Freunde, die kamen. Manche wurden zu Freunden. Es waren freundliche, zugewandte Menschen, die uns den Trost der Nähe schenkten.

Ich hatte mir den Montag reserviert, erzählt einer, als ich ihn jetzt frage, wie es sich angefühlt habe, ein Vorleser zu sein. Dann konnte ich ihm den *Spiegel* vorlesen. Wir sind das Inhaltsverzeichnis durchgegangen – und er hat genickt oder den Kopf geschüttelt. Ich habe gern gelesen, mochte es, wie konzentriert er zuhörte, und habe mich auch ein bisschen nützlich gefühlt. Für mich als Pensionär war es außerdem gut, diese Struktur zu haben, diesen festen Termin am Montag. Wir waren früher gar nicht so nah. Das hat sich in den Vorlesejahren geändert. Und er blieb mein Freund bis zu seinem Tod.

Eine Frau traf ich zufällig im Café. Ich kannte sie wenig. Sie war gerade pensioniert worden und unglücklich darüber: Ich weiß noch nichts mit meinem Tag anzufangen. Ich brauche eine Aufgabe.

Sie war auf der Suche. Und ich hatte was im Angebot.

Kommen Sie vorlesen, schlug ich vor.

Sie kam und blieb. Jeden Mittwochnachmittag. Viele Jahre lang.

Ich habe die Vorleser erst nach seinem Tod gefragt, warum sie gekommen sind, was es bedeutet hat für sie, ihm vorzulesen. Vorher schien mir das zu intim. Ich würde sie ja nach sich fragen, nach ihren Motiven. Womöglich wäre ihnen das unangenehm, und ich wollte auf keinen Fall riskieren, dass sie wegblieben. Ich brauchte sie.

Ein Mann erzählt mir jetzt, er habe einen Vertrag mit Gott geschlossen: Wenn ich diesem Kranken vorlese, bleibe ich verschont. Wenn ich hier ein guter Mensch bin, Gott, dann werde ich nicht zerstört. Ich will so ein Schicksal nicht, wie er es hat. Dann lässt du mich im Bett sterben oder beim Whiskey.

Eine, die kinderlos ist und alleine lebt, hat große Angst davor, dass ihr Ähnliches widerfahren könnte wie ihm. Vielleicht habe ich gedacht, sagt sie jetzt, dass andere mir irgendwann helfen, wenn ich ihm jetzt helfe. Dass die gute Tat gute Folgen haben könnte.

Sie grinst ein bisschen schief.

Eine gibt zu, sie habe sich beweisen wollen, eine treue Freundin zu sein. Eigentlich habe sie gar nicht so gern gelesen. Aber sie musste, ich musste, sagt sie, meinem Bild von mir gerecht werden.

Manche haben gelernt, ihre Berührungsängste zu verlieren. Eine Frau beschreibt sehr liebevoll, wie schwer ihr die Annäherung an den Kranken gefallen sei. Sie kannte ihn gut von früher. Aber wenn sie ihn jetzt sah auf der Straße, wie die Pflegerin oder ich ihn dort schoben, dann habe sie nur scheu und befangen von weitem genickt. Eines Vormittags habe sie in der Konditorei in ihrer Nachbarschaft einen Kaffee trinken wollen und mich stehen sehen am Tresen. Oh wie schön, habe sie gedacht, sie ist allein, dann kann ich ja hingehen. Und auf einmal sah sie vor dem Fenster auf der Straße einen Rollstuhl, den Mann darin. Sie habe mich auf dem Weg nach draußen begleitet, habe mir geholfen, die Teller mit dem Kuchen und meine Tasse zu tragen. Es sei eine für sie so überraschend gelassene Verbindung gewesen zwischen ihm und mir, und ich hätte gesagt: Sie können ihm ruhig die Hand geben. Das habe den Bann gebrochen. Und sei ihr unvergesslich geblieben. Wir hätten dann alle zusammengesessen und Kuchen gegessen, hätten geredet, ich hätte ihm beim Essen geholfen und gleichzeitig wie eine gute Simultandolmetscherin übersetzt – als sei das alles normal. Am Abend zuvor sei sie auf einem Empfang gewesen mit vielen Menschen, die ihn gekannt hätten – und nun nur noch sprachen von ihm, nicht mit ihm. Und am nächsten Morgen saß er da, der Gefallene. Und sie neben ihm. Das habe sie befreit. Und danach sei sie gern gekommen, um ihm vorzulesen. Es habe Ruhe in ihr Leben gebracht. Habe sie gelehrt, mit einem so Kranken gelassen umzugehen, es habe sie verändert.

Eine andere Frau erzählt, dass sie erst durchs Vorlesen bei dem Kranken gelernt habe, Schwäche zu akzeptieren. Das habe sie nicht gekonnt. Vor Krankheit und Schwäche sei sie immer geflüchtet. Das Vorlesen, sagt sie, war wie eine Therapie. Ich habe meine Angst verloren und mich dadurch in meinem Leben freier und stärker gefühlt.

Immer saßen die Vorleser auf einem roten Sessel vor einem großen Fenster. Er im Rollstuhl gegenüber. Zwischendrin fuhr er an die Stange an der Wand, um sich hochzuziehen, kurz den Rücken zu strecken – und rollte zurück.

Wussten Sie nicht, sagt mir einer, ein ehemaliger Diplomat, dessen gewaltige Stimme ich bewundere, dass ich mal Schauspieler war und schon in der Nibelungenhalle in Passau aufgetreten bin – ohne Mikrophon.

Da ich schlecht höre, sagt eine, war es so wohltuend, mit meiner Stimme nützlich sein zu können. Ich habe mich von ihm angenommen gefühlt. Das tat mir gut.

Und wenn er ihr etwas sagen wollte und sie ihn nicht verstand, konnte endlich einmal er nachsichtig lächeln.

Ich habe eine natürliche Zärtlichkeit für Kranke, sagt eine.

Weil sie schwach sind?, frage ich, und du dich gern als Gebende siehst?

Weil sie sind wie Kinder, antwortet sie, und denen hilft man doch auch, beschützt sie, wo man kann.

Einer der Vorleser sah eines Tages ein Buch auf dem kleinen Tisch neben dem Sessel liegen, nahm es in die Hand und war empört: Wer darf denn bitte Tolstois Kindheitserinnerungen lesen, rief er, und ich muss den *Tagesspiegel* lesen?!

Eine beschwerte sich: S. macht immer Eselsohren in die Bücher, das geht doch nicht.

Einer seiner Freunde hatte mitbekommen, dass ihm vor allem die *Süddeutsche Zeitung* vorgelesen wurde. In seinen Augen ein linkes Blatt. Also brachte er nun immer die *FAZ* mit: Damit er auch mal was Ordentliches zu hören bekommt.

Ich habe immer schon leidenschaftlich vorgelesen, sagt eine, jetzt waren die Kinder zu groß dafür, und ich konnte zu ihm kommen. Ich fand's herrlich – und nicht immer einfach. Wegen des Sprechens, wegen der Stimmungen.

Manchmal, erinnert sich einer, musste man ja nur ein Wort verstehen – und dann war man gerettet, weil man sich den Zusammenhang bauen konnte. Wie oft habe ich daran gedacht, wie viel wir früher geredet haben. Und nun gab es kein Gespräch mehr. Ich las ihm gern vor. Aber ich bin immer auch traurig nach Hause gegangen.

Eine Freundin kam jeden Sonntagnachmittag. Jahrelang.

Immer fürchtete ich die Sonn- und Feiertage. Wenig Pflege, keine Therapiestunden. Was machen mit ihm am Wochenende. Wie unterhalte ich ihn. Hoffentlich reicht die Kraft der ausgemergelten Geduld. Hoffentlich rettet uns ein akzeptables Fernsehprogramm. Möge das Kochen mir Spaß bringen, möge er keine Schmerzen haben, keine Wut, in keine apathische Ferne entschwinden – möge irgendjemand mal kurz vorbeikommen am Ostersonntag oder Pfingstmontag. Mögen wir eine andere Stimme hören. Hoffentlich kommt jemand mal kurz zum Lachen.

Ausgerechnet jeden Sonntag kommt die Freundin. An diesem bleichen Tag. Mit ihren Geschichten, die sie erzählt, ihren Gedichten, die sie uns aufsagt. Ganze Balladen konnte sie auswendig und hat sie uns vorgetragen. Manchmal war sie so müde, dass sie beim Vorlesen eingeschlafen ist, dann hat er ihr liebevoll die Hand gestreichelt und gesagt: Schlaf du nur.

Die Hauptsache, sagt sie heute, war wohl, dass man bei ihm saß, und er merkte, sie hat mich lieb, ich bin nicht allein, sie sitzt hier für mich.

Die Vorleser. Ein empfindsamer, vergnügter, couragierter Haufen von sehr unterschiedlichen Menschen.

Wenn andere zu ihm kamen und fragten, wie es ihm gehe, hat er sie oft verächtlich angesehen. Wie wohl, beschissen natürlich. Nur die Vorleser durften fragen. Weil sie die Nuancen kannten. Weil sie Bescheid wussten.

Ich habe versucht, es den Vorlesern schön zu machen. Es war schwer genug für sie, dort zu sitzen mit einem Mann, der immer wieder so gern reden wollte mit ihnen und nicht reden konnte, weil sie ihn nicht verstanden. Ich wollte, dass sie sich dennoch wohl fühlten. Ich wusste, wer Kräutertee, wer Rot-, wer Weißwein trinken würde, wer das Wasser gern besonders kalt hatte, wer Nüsse, wer Käse zum Wein mochte oder Kekse zum Tee. Ich wusste, wer sich über frische Datteln freute, wer den Blumenstrauß im Blick brauchte oder den Whiskey im Glas.

Einmal im Jahr gibt es das Vorleseressen. Dann kommen sie alle zusammen, die sonst nur voneinander hören, lernen sich kennen. Es gibt erstaunliche Begegnungen.

Ein alter Mann und eine junge Frau reden über Rassismus.

Ich bin mit einem Schwarzen verheiratet, sagt die Frau.

Und ich, schnarrt der alte Mann, bin der Sohn eines Kolonialbeamten.

Ich gieße ihnen schnell Wein nach.

Die Vorleser haben uns Abwechslung geschenkt und Ruhe. Die schwerhörige Frau nahm beim Lesen ihre Geräte aus den Ohren und war nur noch bei ihm und im Buch. Man wagte kaum den Raum zu betreten, in dem sie beide waren, um diese intime Intensität nicht zu stören. Als diese Frau eines Tages bemerkte, dass andere weitergelesen hatten in dem Buch, das sie bald so liebte wie er, war sie empört. Unerhört, rief sie, das können Sie nicht zulassen, dass andere weiterlesen in diesem Buch, das ist ja fast wie Ehebruch.

Danach haben sie sich geduzt.

Eine Vorleserin hat mir, als sie merkte, dass mich nichts mehr wärmte, eine große, bunte Wolldecke mitgebracht.

Sie lesen Zeitungen, Romane, Sachbücher. Meist sucht er selbst aus, was er hören möchte. Dreimal hat er sich seinen Lieblingsroman vorlesen lassen. Dreimal fast tausend Seiten. Albert Vigoleis Thelen: ‹Die Insel des Zweiten Gesichts. Die Angewandten Erinnerungen des Vigoleis.› Ein großer Schelmen- und Liebesroman, in dem der Autor uns mitnimmt nach Mallorca in den dreißiger Jahren des 20. Jahrhunderts, uns hineinnimmt in die Welt der spanischen Dirnen und philosophierenden Bäcker, der «nachgedunkelten Ehrenmänner» und «ortsgewichtigen Ohrenbläser», der die Insel bevölkert mit «geilen Schindkracken» und «schreitenden Liegelastern». Aber auch erzählt von spanischen Falangisten und von den Germanen, den «Stechschrittwalküren», die aus den Bäuchen der Kraft-durch-Freude-Schiffe der Nationalsozialisten quellen und die spanische Insel überschwemmen.

Er hat mir, als ich ihn kennenlernte, beseelt von diesem Roman erzählt.

Wenn Sie, sagte dieser Mann, von dem ich damals annahm, ihn vielleicht lieben zu können, wenn Sie etwas wissen möchten über mich, dann sollten Sie die ‹Insel des Zweiten Gesichts› von Albert Vigoleis Thelen lesen.

Ich hatte noch nie von dem Autor und auch von dem Buch noch nie gehört.

Der Mann begann zu zitieren. Ich nahm das Buch und verschwand. Als ich es ausgelesen hatte, habe ich erstens den Mann geheiratet und zweitens nach Thelen gesucht. Ich spürte ihn auf in Lausanne und fuhr hin, um ihn zu befragen. Fand ihn alt, bitter, krank und eloquent. Albert Vigoleis Thelen, ein «selbstmordsüchtiger Erzweltschmerzler», der ein scharfsinniger und sprachgewaltiger Chronist des mordwütigen 20. Jahrhunderts wurde. Er hat das Reden der «furchtbaren Gesellen» von Anfang an ernst genommen und schreibt: «Meine Heimat war gleichgeschaltet. Über Nacht war die Bewegung in Bewegung gekommen, es wimmelte in meiner Vaterstadt. Das Rezept ist jedem bekannt, als Junge habe ich es oft ausgeführt: Ein Glas Wasser, eine Handvoll Heu, man stellt die Brühe in die Sonne, bis sich die Jauche gebildet hat, dann einen Tropfen unters Mikroskop. Es wimmelt von hin- und herschießenden

Lebewesen, den Aufgusstierchen. Und wenn ein ganzes Volk in Fäulnis übergeht, entstehen auch Aufgusstiere, die der Bewegung; mit bloßem Auge indessen sind sie erkennbar, und wenn sie auf dich zuwimmeln, und du hebst den Arm nicht, dann heben sie ihn und schlagen dich tot.» Er verachtet «die konstituierende Reichsenthirnung» durch den «Rankünе Proleten» Hitler und seine «durchflaserten Dünklinge der Bewegung».

Es war die Haltung Thelens, die er liebte, den Geist, den Anstand, den Zorn auf Dummheit und Fanatismus – und seine unbändige Phantasie. Wenn ihm die dem Buch vorausgeschickte ‹Weisung an den Leser› vorgelesen wurde, sprach er begeistert mit. Er konnte sie auswendig. Erinnerte sich an jedes Wort der verwinkelt formulierten Passage. Und war glücklich. Endlich konnte er einmal sicher sein, verstanden, mit jeder Silbe verstanden zu werden, weil seine Vorleserin ja den Text vor Augen hatte.

Und dann beginnt das Buch mit den Zeilen: «Ringsum hatte sich die graue Schicht der Nacht geschoben, als wir das Achterdeck betraten, unausgeschlafen, wie aus der Naht getrennt, leicht fröstelnd in der Brise» … «Wie aus der Naht getrennt» – das traf unser Lebensgefühl. Dreimal, wie gesagt, hat er sich diesen großen Roman vorlesen lassen. Als er starb, habe ich ihm das Buch mitgegeben auf seine Reise. Es modert nun mit ihm in seinem Grab.

Die Vorleser haben ihm Schutz geschenkt, Nähe, Lebendigkeit, haben ihn aus dem Gefühl der Abseitigkeit herausgeholt, haben eine Gemeinsamkeit hergestellt mit ihm, den Raum gefüllt mit ihren Stimmen, ihrer Zuneigung, ihrer Wärme. Sie haben uns geholfen, aus dem mattgrauen Alltag leuchtende Momente der Freude herauszuschneiden.

Auf seiner Beisetzung haben sich diese Vorleser im Halbkreis im Altarraum aufgestellt und haben ein Gedicht aufgesagt, einen Moment erzählt, sein Lachen beschrieben, eine Lesestunde erzählt, seinen liebsten Witz, sein liebstes Buch – Albert Vigoleis Thelen natürlich.

Einigen liefen die Tränen herunter, aber sie haben alle von ihm erzählt, haben ihn erzählt.

9. KAPITEL

Sein Sterben zu Hause

Was ist wichtiger, Beerdigung oder Fest
Fest, sagt er

DAS LEBEN IST ein vorübergehender Zustand.

Irgendwann ist es Zeit zu begreifen, was man längst weiß. Und die Frage zu gewahren, die sich ins Bewusstsein schlängelt: Wo man begraben sein möchte. Nur, wie darüber reden mit einem Mann, der den Tod vielleicht schon kommen hört?

Ich möchte gern wissen, sage ich eines Tages zu ihm, wo ich sein werde, wenn ich tot bin. Ich will mir einen Friedhof ansehen und einen Grabplatz aussuchen. Willst du mitkommen? Und willst du später dort liegen mit mir?

Er will. Und grinst. Als hättest du mir gerade einen Heiratsantrag gemacht, sagt er, fürs Jenseits.

Und so fahren wir an einem sonnigen Tag im frühen Sommer zu einem Friedhof, auf dem Freunde sich kurz zuvor eingemietet haben. Genau so haben sie es genannt, haben geredet von den letzten unterirdischen Gruben für sich wie über ein Apartment in einer Seniorenresidenz. Es ist ein romantischer Friedhof, der 1909 eröffnet wurde. Ein riesiger Park mit alten Bäumen, bemoosten Brunnen, verwitterten Grabsteinen, verfallenen Mausoleen – morbide Schönheit voller Heiterkeit. Man läuft durch Wälder und auf gewellten Heidewiesen und kann immer wieder fast vergessen, dass man auf einem Totenacker spaziert. Da der Friedhof seit 1949 auf dem Gebiet der ehemaligen DDR lag und seit dem Mauerbau 1961 im isolierten Grenzgebiet, wurde erst die S-Bahn-Station geschlossen, irgendwann wurden sogar die Gleise abgebaut. Der verödete Friedhof schlummerte und verfiel, vermoderte und verwilderte märchenhaft. Die Natur und die Toten blieben unter sich. Ungestört vom gewienerten Marmorprotz, mit dem Hinterbliebene so gern dem Nachleben der Toten Nachruhm verleihen möchten. Bis heute gibt es viel Park und wenige Gräber.

Einmal habe ich mit meinen Enkeln dort Verstecken gespielt. Nachdem sie zuvor ein Tipi gebaut hatten für ihn und sich hingekniet hatten vor seinem Grab. Sind wir zu laut, fragen sie mitten im Spiel? Ich glaube, die Toten freuen sich, wenn hier mal was los ist, sage ich – und sie toben weiter.

Doch noch suchen wir dort nach dem richtigen Grabplatz. Er schaut sich aufmerksam um. Lässt sich mit schmerzgeplagtem Gesicht von der Pflegerin über Stock und Stein und Grashubbel fahren. Weiter, sagt er, wenn uns ein Platz nicht gefallen hat, weiter. Und dann finden wir ihn, den Platz, den wir beide mögen. Gesäumt von einem großen Rhododendronbusch, geborgen unter Bäumen, aber mit einem freien Blick auf eine Wiese. Grabplatz mit Blick. Das muss sein. Manchmal liebe ich irrationale Entscheidungen. Einmal habe ich mir in einer neuen Stadt eine Bank gesucht, bei der ich mein Konto einrichten wollte, und mich für die entschieden, vor deren Eingang ein großer knorriger Baum wuchs.

Hier ist es gut, sagt er. Jetzt, sagt er, muss ich nur noch laufen lernen, sonst finde ich hier nicht wieder hin.

Ich bin mir nicht sicher, ob er grinst – oder ob die Verwirrung sich schon langsam einnistet in ihn.

Die Holzkirche des Friedhofs, gebaut nach dem Vorbild norwegischer Stabkirchen, ist innen mit Intarsien geschmückt.

Das ist mein Ort, sagt er.

Wir melden uns an, mieten uns ein. Einzug unbestimmt.

Ich bin erstaunt, wie froh ich bin zu wissen, wo wir liegen werden, wie mich die Entscheidung erleichtert, ja beruhigt. Nicht nur zu wissen, wo ich ihn begraben werde, sondern auch zu wissen, wo ich sein werde. Es könnte einem doch wirklich egal sein. Man könnte doch irgendwo untergebracht werden. Früher wollte ich verstreut werden im Meer – doch dann habe ich geträumt, dass ich als Asche dort schwamm und mich verirrte, verzweifelt herumirrte, weil ich das Meer nicht erkannte. Es war ein Albtraum. Seitdem will ich ein Grab. Einen Platz, den ich kenne.

Möchte ich auch sterben an einem Platz, der mir vertraut ist?

Könnten Sie im Alter in ein Hotel ziehen, wurde ich einmal gefragt. Und ich habe gezögert. Dachte keine Sekunde an die Kosten, sondern mit lustvollem Vergnügen an das gepflegte Frühstück, das mir jeden Morgen mit einer weißen Stoffserviette auf dem Teewagen ins Zimmer gerollt würde. Dachte an den täglichen Drink am Abend in der Bar, immer am selben Tisch sitzend, an dem mir der Barkeeper meinen White Russian brächte, ohne dass ich ihn bestellen müsste. Hörte die wispernden Fragen an ihn von den anderen Gästen nach der schrulligen Alten, die dort jeden Abend in der Ecke vor sich hinsinnend genüsslich an ihrem Glas nippt. Ich spielte Kino. Und fand's herrlich.

Erst dann kamen die Zweifel über ein Hotel als AltersHeim. Was ist mit meinen Erinnerungen, die meine Wohnung in sich trägt und die meine Gegenstände lebendig machen. Hier atme ich mich. Hier spüre ich die Enkel, die Freunde, die Gäste. Hier ist er, hier sind die Scherben seiner Apfelschale. Aber vielleicht brauche ich im letzten Lebensalter keine Gegenstände mehr, um mich zu trösten, weil ohnehin alles Gegenständliche immer weniger wichtig wird, weil man beginnt, zwischen den Zeiten zu leben, zwischen dem Leben und dem Tod, in einem Zwischenland, wie die Schriftstellerin Ilse Helbich es nennt, zwischen dem Hier und dem Dort. Vielleicht ist es ja sogar besser, nicht in der Inbrunst der eigenen Wohnung zu sein, wo Erinnerungen mich halten wollen, wenn ich mich auf den Weg machen sollte. Mich umschweben wie Nebelfeen und mich in die falsche Richtung locken. Dorthin, wo Bilder von einstiger Lebendigkeit mir vorgaukeln, ich könne immer noch Leben haben und schwelgen in Rosen, Lavendel, Tabak, Levkojen, Hängepetunien und Salbei auf meinem Balkon. Ist es vielleicht besser, an einem Ort zu sein, an dem mich nichts an mich erinnert? Wo keine Lebendigkeit Hoffnung auf Zukunft suggeriert?

Im Flugzeug schaue ich mich oft um und frage mich, wen ich im Falle eines Absturzes anschauen, mit wem ich ein letztes Lächeln tauschen möchte. Worauf soll mein letzter Blick fallen, wenn ich im Bett oder im Stuhl sterbe? Bitte nicht auf das nüchterne Mobiliar der SterbeZimmer von Exit. Nein, ich möchte nicht sterben in einem Zimmer, in dem nur gestorben wird, in dem Hunderte vor mir sich den Tod geholt haben. Ich wäre wohl doch gern zu Hause. Bei mir. Mit Erinnerungen, die dann nur noch leichtfüßige, unbestimmte Gestalten sein mögen, sich mal auflösen, mal manifestieren, denen ich noch einmal schwach zuwinke und mich mit irrlichternden Gefühlen abwende von ihnen.

Die große Mehrheit der Deutschen möchte zu Hause sterben. Die meisten möchten den Weg in die Ewigkeit oder ins Nichts von dort antreten, wo sie gewohnt haben. Aus der Gewohnheit ins letzte Abenteuer, vom Vertrauten ins Fremde starten. Gestärkt von den Erinnerungen aus ihnen heraustreten. Vielleicht ist irgendwann der Punkt erreicht, an dem einen die eigene Vergangenheit, die Rückschau, gar nicht mehr dringlich interessiert, weil die geistige Verbundenheit mit sich und dem Augenblick allen Raum einnimmt und alle Energie, die man braucht für den letzten Akt. Palliativärzte geben Sterbenden gern eine kleine Kraftspritze ins Morphium, um sie zu stärken für die Anstrengung, für die Schufterei des Sterbens.

Silvia Bovenschen beschreibt in ihrem klugen Buch übers Älterwerden, dass sie – wenn sie aus ihrem italienischen Ferienort am Meer wegfuhr und traurig war – doch zugleich freudig wusste, dort glücklich gewesen zu sein. Das habe sie getröstet.

Ob es beim Abschied vom Leben auch hilft, sich in aller Traurigkeit sagen zu können, dass man dort im Leben glücklich war.

Vielleicht habe ich sein nahendes Ende erst im Sommer wirklich begriffen. Im letzten Sommer im Süden. Wohin wir seit einigen Jahren einmal im Jahr so umständlich wie glücklich reisten.

In diesem Jahr kann er innerlich nicht ankommen. Er ist verwirrt, unruhig, fahrig, fährt mit der Hand durch die Luft, als müsse er etwas vertreiben, eine Spannung wegschieben. Er ist unglücklich. Und ich bin es mit ihm.

Das Gerät, mit dem wir täglich seine Blutgerinnung messen, geht kaputt, sodass jeden zweiten Tag eine Krankenschwester kommen muss, um ihm Blut abzunehmen, das ich dann eilig ins Labor im Dorf bringe. Spät am Nachmittag – meist nach mehreren vergeblichen Anrufen – bekommen wir endlich die Resultate, und erst dann können die Pflegerin und ich die Blutverdünnungsmedikamente dosieren. Das Leben wird riskant. Es ist heiß. Zu heiß für ihn. Er hustet. Der Hintern entzündet sich, ist bald voller kleiner offener Wunden. Mehrmals muss ein Arzt kommen. Das Wort Krankenhaus liegt in der Luft und wird nicht ausgesprochen. Es ist der Elefant, der durch den Raum geht, während alle so tun, als sähen sie ihn nicht. Er trapst und schlingt seinen Rüssel um diesen und jenen nächtlichen Albtraum.

Jetzt nicht innerlich flüchten in die Erstarrung oder die vertraute Eisbox, um den Schmerz nicht zu fühlen. Ich rede mit mir, ermahne mich. Spür dich, bleib hier, hau nicht ab, schau dich um, atme, hab keine Angst. Du wirst jetzt von dem Hügel hinabsteigen zum Haus. Wirst ihn dort sitzen sehen im Rollstuhl. Oder er liegt auf der Bank – mit vielen Kissen abgestützt und schaut durchs Piniendach in den Himmel. Er wird den Arm ausstrecken nach dir und dich an sich ziehen. Und du wirst dich zu ihm legen, deine Füße zwischen seine Beine betten und ihn mit deinen Zehen streicheln. Wollen wir heute einen Ausflug machen, wirst du ihn fragen. Und er wird das Bein, das er bewegen kann, gegen deins drücken. Ja, bitte.

Wunsch und Kraft klaffen immer weiter auseinander. Selbst an Ausflügen hat er bald keine Freude mehr. Sie sind zu anstrengend. Sollen wir zurückfahren oder bleiben? Ich zittere fröstelnd in der Nacht und glühe am Tag vor Hitze und Sorge. Jeden Morgen schwimme ich, peitsche Arme und Beine ins Wasser, suche das wohlige

Gefühl des Meeres irrtümlich in der Strapaze – bis ich mir eine deftige Bronchitis angeschwommen habe. Wie blöd ich werde unter Druck, wie körperblöd. Freundin und Pflegerin kochen, was er liebt, lesen ihm die Zeitung vor und legen mir gekochte Kartoffeln auf die Brust.

Wir bleiben. Vielleicht ahnt auch er, dass es unser letzter Sommer sein wird in diesem Haus, das er so liebt. Als wir Abschied nehmen von dem Blick aufs Meer mit den vielen kleinen Segelbooten, von den dunkelrot glühenden Geranien unter sattgrünen Schirmpinien, von knorrigen Korkeichen und den Inseln im Meer, die immer wieder hinter Wolkenbändern schwebend verschwinden, duften die Rosmarinbüsche in der Hitze.

Früher haben wir gesagt: Bis zum nächsten Jahr, und haben dem Haus aus dem Auto gewinkt.

Jetzt sagen wir nichts – und fahren ab.

Wieder zu Hause wird er gleichgültiger, stiller, unerreichbarer. Zieht sich in sich zurück, entfernt sich von mir, von den Menschen, von den Büchern, den Nachrichten. Oft zuckt er auf Fragen nur mit der Schulter, egal, sagt er. Ein kurzes Wort, wie er es liebt. Er kann es gut und deutlich sprechen. Er hat gelernt, kleine Worte zu finden, um sich auszudrücken, und trifft mit ihnen so oft den Kern. Früher hätte er lange Vorträge gehalten, jetzt sagt er ein Wort. Egal. Es klingt traurig, aber auch stoisch. Möchtest du, dass ich bei dir sitze? Egal. Möchtest du ein Eis essen, egal. Enttäuschungen, Traurigkeit wehrt er ab mit dem Wort. Wenn jemand nicht kommt, um ihn zu sehen, wenn der große Baum vor seinem Fenster gefällt wird, in dem die Vögel oft saßen und sangen – egal.

Vielleicht konnte er es sich nicht mehr leisten, niedergeschlagen zu sein, weil er seine Kraft für den Abschied brauchte, vielleicht war das «egal» der erste Schritt von vielen auf dem Weg zum Ende. Oft schaut er aus dem Fenster. Mit weit geöffneten Augen. Das kenne ich von meinem Vater. Auch er hat am Ende nur noch in eine ungewisse Ferne geschaut. In der der Tod vielleicht schon herumschlich. Wenn ich ihn fragte, wo er sei, hat er mich erstaunt angesehen. Weg, hat er gesagt.

Das Unglück in seinen Augen. Früher war es da, wenn er wieder einmal etwas gesagt und sein Gegenüber ihn nicht verstanden hatte, wenn er seine Gedanken und Argumente fertig hatte im Kopf und sie – vergebens – gurgelnd zu artikulieren suchte. Dann flüchtete er sich in diesen Blick der Leere, um den Schmerz zu dämpfen. Jetzt flieht er immer öfter an diesen Ort der unheilbaren Gleichgültigkeit – egal.

Und dann auf einmal der Satz, mit dem er sich zeigt in seiner Not:

Es ist eine Tragödie, sagt er, mein Leiden.

Ich weiß nicht mehr, wann wir die Hoffnung auf Besserung aufgegeben haben. Oder hat er sie fast bis zum Ende gehabt? Die Hoffnung stirbt zuletzt. Ein fataler Satz. Denn war sie nicht von Anfang an eine Chimäre, ein verlogen tänzelnder Betrug? Aber wie man ihn liebt, diesen Betrug, wie willig man sich blenden lässt von der Hoffnung, dieser Wirklichkeitsfälscherin. Viele Jahre malt sie Zukunftswege, auf denen ich gehe mit ihm. Als hätten wir wählen können. Worauf hätten wir denn sonst gehen sollen.

Ich habe Angst, er könne morgen sterben, und habe Angst, dass es noch Jahre dauert.

Es wird ein monatelanger Kampf – weniger gegen den Tod als gegen Ärzte, Zumutungen, verlängertes Leiden. Er hat eine neue große, schmerzende Beule auf der Schulter. Lässig lehnt die Orthopädin am Empfangstresen, klaubt sich ein paar Gummibärchen aus dem Glas, kaut und meint: Vielleicht Überanstrengung, weil er sich immer mit dem einen Arm hochzieht, es kann aber natürlich auch etwas anderes sein – und angelt sich mit zwei Fingern noch ein Gummibärchen. Das Wort Krebsgeschwür sagt sie nicht, lässt aber – immer noch genüsslich kauend – die Vermutung hängen im Raum.

Seine Hausärztin will im letzten Jahr noch eine Magen-Darm-Spiegelung machen lassen, vermutet eine innere Blutung und möchte ihn stationär einweisen, und sogar eine Woche vor seinem Tod noch will sie ihn ins Krankenhaus bringen und eine Harnleiterschiene anlegen lassen.

Da wissen wir schon, dass es zu Ende geht.

Was also soll der Blödsinn.

Es ist schon bemerkenswert, dass der bleiche Schauder, der wohl die meisten von uns angesichts des Todes erfasst, mit den Errungenschaften des medizinischen Fortschritts wächst. Die Entwicklung der Apparatemedizin beruhigt nicht, sondern jagt den Sterbenden und mir, die ich die Entscheidungen treffen muss, den blanken Schrecken ein. Weil ich gegen medizinischen Rat handeln muss. Weil für Ärzte noch immer der Tod ihr Feind ist und dessen Sieg ihre Niederlage. Also wollen sie retten. Nur retten für was? Ein Leben im Koma? An Schläuchen und Tröpfen? Was ist das für eine Rettung, wenn die erstrebte Lebensverlängerung tatsächlich nur das Dahinsiechen und damit oft auch die Qual verlängert. Im unerbittlich gewordenen Kampf gegen den Tod verlieren manche Mediziner das Wohl der (noch) Lebenden aus den Augen. Und so legen sie bei Sterbenden noch Magensonden, Harnleiterschienen oder verschreiben selbst ganz am Ende noch hochdosierte Chemotherapien.

Als Antwort auf die Entgleisungen der Maschinen-Medizin gründete die englische Ärztin, Sozialarbeiterin und Krankenschwester Cicely Saunders in den sechziger Jahren des letzten Jahrhunderts die Hospizbewegung. Sie wollte den Sterbenden ihren eigenen Willen und ihre Würde zurückgeben und die Möglichkeit, eines natürlichen Todes zu sterben. Was von vielen Ärzten als Affront aufgefasst, ja als Sterbehilfe denunziert wurde. Dabei ging es den Hospizlern von Anfang an nicht um Hilfe zum Sterben, sondern um Hilfe beim Sterben. Das Leben sollte weder künstlich verlängert noch willentlich verkürzt werden. Es war ein langer Weg durch die medizinischen, universitären und gesetzlichen Institutionen, bevor die Hospizbewegung und in ihrer Folge die Palliativmedizin sich etablierte. Erst 2009 wurde sie an deutschen Universitäten endlich Pflichtfach für Medizinstudenten. Viele Palliativmediziner distanzieren sich bis heute vehement von der Sterbehilfe.

Das ist nicht mein Job, sagte mir kürzlich wieder eine engagierte junge Palliativmedizinerin, ich bin Ärztin, kein Todesengel.

Und wenn ich mein Leben nicht mehr aushalte, wer soll mir helfen, wenn nicht Sie als Fachfrau?

Und Ihnen beim Sterben zusehen, das ich initiiert habe?

Wer soll es denn sonst tun – der Postbote oder der Klempner?

Ich will nicht die sein, die den Tod bringt.

Aber Sie könnten als himmlische Helferin begrüßt werden.

Laut einer Umfrage aus dem Jahre 2019 befürworten fünfundsiebzig Prozent der Befragten eine passive Sterbehilfe und sogar neunundsechzig Prozent einen assistierten Suizid. Denn ist nicht die Aussicht auf Sterbehilfe tatsächlich eine grandiose Lebenshilfe? Weil die Gewissheit für unheilbar Kranke, dass am Ende des Weges jemand steht, der ihnen hilft, gehen zu dürfen, eine tröstliche Erleichterung bedeutet, in der es sich fraglos besser leben lässt.

Er wird nicht eingewiesen, er bekommt keine Harnleiterschiene. Ich habe ihm versprochen, dass er zu Hause bleibt. Kein Krankenhaus, hat er gesagt.

Kein Krankenhaus, habe ich versichert.

Er habe keine Angst vorm Sterben, sagt er.

Und erst jetzt, da ich die Tagebücher wieder lese, sehe ich, wie oft wir vom Sterben gesprochen haben. Ars moriendi, die Kunst des Sterbens, entstand im Spätmittelalter aus Furcht davor, unvorbereitet auf den Tod von einer Seuche dahingerafft zu werden. Also schrieb, malte, besang man den Tod und das Sterben. Nahm Abschied vom Leben mitten in ihm. Und übte sich so zugleich in der ars vivendi – der Lebenskunst. Denn es lebt sich nun mal gelassener, wenn Gevatter Tod zur Familie gehört. Die Menschen damals wussten, was wir erst wieder lernen müssen, dass der Tod nicht nur unausweichlich ist, sondern auch natürlich. Und dass ein lebendiges Wissen um ihn tröstlich leuchten kann im Dunkel der Angst.

Weißt du, sage ich eines Tages zu ihm, als wir nebeneinandersitzen. Ich überlege mir, ob ich eine Trauerfeier möchte, wenn ich tot bin, einen Leichenschmaus. Und wer kommen sollte. Erinnerst du dich, dass mein Vater eine Liste gemacht hatte. Bitte vergesst Herrn O. nicht, hatte er gemahnt.

Ein Freund aus New York, einer der ersten, der an AIDS starb, hatte seine Beerdigung perfekt organisiert, er hatte nicht nur eine Gästeliste gemacht, er hatte eine Kneipe gemietet, Essen ausgesucht und Künstler engagiert, die auftreten sollten.

Wie ist das bei dir, frage ich scheinbar beiläufig, was ist wichtiger – Beerdigung oder Fest?

Fest, sagt er, sagt es wie aus der Pistole geschossen. Wieder ein kurzes Wort.

Und ein Fest haben wir gefeiert. Ein großes, lautes, ausschweifendes, lebendiges Totenfest. Mit vielen Menschen, gutem Essen und gutem Wein, mit erzählten Erinnerungen, Anekdoten, mit einem Film über ihn, den eine Freundin aus Fotos gemacht hatte, mit Reden und Gelächter. Ein Mann hatte sein Saxophon mitgebracht, ein anderer holte seine Posaune aus dem Rucksack. Wir haben, wird sich später eine Freundin erinnern, aufgewühlte, intensive Gespräche auch mit Fremden geführt, wir hatten an diesem Totenfest keine Angst, uns zu zeigen. Vermutlich haben wir auch das Geschenk gefeiert, noch leben zu dürfen, haben uns in diesem Gewirr aus Kummer und Jubel dem Moment geöffnet.

Aber noch stirbt er.

Es geht uns gut – heißt das Mantra einer Freundin, immer dann mit einiger Heftigkeit in die Maschine getippt, wenn sie grad verzagen möchte. Ich versuche es. Es klappt nicht. Es geht uns nicht gut.

Oft liege ich schlaflos lauschend, aufjagend mitten in der Nacht – hat er gerufen? Manchmal ruft er tatsächlich. Wenn er Geräusche gehört hat, das Urinalkondom abgegangen ist, wenn er schlecht geträumt oder Kopfweh hat. Jeder Schmerz eine neue Bedrohung. Es kann ja alles nur noch schlimmer werden. Der Ohrwurmsatz lärmt in mir.

«Bin so müde des Unglücks», simse ich an eine Freundin.

Weihnachten, von dem ich nun ahne, dass es sein letztes sein wird, möchte ich besonders schön machen. Ich kaufe ein für ein Essen, das wir beide mögen. Lachs und

Toastbrot für die Vorspeise, Hirsch, Maronen, Rotkohl, Kartoffeln fürs Hauptgericht, Schokocreme für den Nachtisch und für mich einen guten Rotwein. Ich stelle einen kleinen Baum auf und schmücke ihn mit gläsernen Kugeln, roten Äpfeln, kleinen glitzernden Vögeln mit bunten langen Federn und Bienenwachskerzen. Decke den Tisch mit roten Servietten und den schönen geerbten Gläsern, aus denen er natürlich nicht trinken kann. Auch das silberne Besteck, das ich an die Teller lege, kann er nicht handhaben. Aber es sieht schön aus. Ein bisschen Schein muss sein.

Der Rotkohl köchelt, ich schäle Kartoffeln, laufe, um sein Tuch aufzuheben, das er hat fallen lassen. Kartoffeln ins Wasser, Musik, sagt er, also hin zum CD-Player und Horowitz eingelegt. Ich brate das Hirschfilet an, er muss mal. Also Gas aus, Schieber geholt, unter den Hintern gehalten, ausgeleert, ausgewaschen, weggeräumt. Den Hirsch weitergebraten, die gekochten Kartoffeln püriert. Alles in den Ofen, um es warm zu halten. Der Rotkohl braucht noch Johannisbeergelee und geraspelten Ingwer. Jetzt die Kerzen am Baum anmachen. Weihnachtsgeschichte vorlesen. Bescherung spielen. Nur wir beide. Wir packen ein paar Geschenke aus, die liebevolle Freunde schickten. Es interessiert ihn wenig. Schau mal, wie nett, rufe ich begeistert. Nur das Fotobuch, das meine Tochter klebte, schafft es, ihn zum Lächeln zu bringen. Und die Zeichnungen der Enkel. Morgen kommen sie, sage ich. Schön – er lächelt wieder.

Zurück in die Küche, um die Lachsbrötchen zu richten, das weiche Weißbrot für ihn, das getoastete für mich, er möge indessen bitte den Baum bewachen, was er vergisst, weil er pieseln muss und an die Stange im Nebenraum fährt. Schnell hin und die Kerzen ausblasen, die Ofenhitze, in der der Hirsch liegt, reduzieren, die Urinflasche holen, anhalten, die Blase massieren, damit es schneller geht, die Urinflasche ausleeren, auswaschen, wegstellen, die kleine Champagnerflasche öffnen. Endlich der erste Schluck, noch im Stehen. Den Lachs essen wir am Baum ohne angezündete Kerzen. Ich mache sie später noch mal an, verspreche ich müde. Und muss an Loriot denken. Dieser Abend hat das Potenzial für seinen weisen Humor.

Jetzt das Maronenpüree mit Sahne cremig rühren. Musik, sagt er. Ich laufe hin, lege eine neue CD ein. Keine Ahnung mehr, was wir nun hörten. Sein Tuch ist nass vom Speichel. Ein neues holen aus dem Schrank im Nebenzimmer. Verdammt, ich habe vergessen, den Rotwein zu öffnen und zu dekantieren. Das Essen anrichten. Auf vielen Platten, die ich nachher alle abwaschen muss. Aber es ist Weihnachten. Ich spiele Weihnachten. Mit einem Festmahl à deux. Klammere mich ein bisschen an eine konfuse Perfektion. Renne dem Wissen hinterher, vielleicht zum letzten Mal Weihnachten zu feiern mit ihm. Also muss gefeiert werden.

Irgendwann sitzen wir tatsächlich gemeinsam am Tisch und essen. Ich füttere ihn, spreche zu ihm, esse selber und will, dass es schmeckt. Ein Abend des Wollens. Er versucht zu lächeln. Löffelt gehorsam Maronenpüree, Kartoffelmus und Schokopudding. Ich räume auf, wasche ab, trockne Teller und Pfannen. Er fährt zurück zum Baum. Kerzen, ruft er. Hinlaufen, Streichhölzer suchen. Zurück zum Abwasch. Irgendwann lese ich ihm – erschöpft und froh, den Abend überstanden zu haben – die Weihnachtspost vor. Und schaue heimlich auf die Uhr, um zu sehen, ob die Pflegerin bitte bald kommt, um ihn ins Bett zu bringen.

Wir haben sehr gelacht über deinen Bericht, schreibt eine Freundin am nächsten Tag.

Ich habe ihn ab diesem Weihnachten oft fotografiert. Als wollte ich ihn festhalten für mich, ohne ihn festzuhalten.

Ein Zahn entzündet sich, es könnte ein Abszess sein, vielleicht auch Krebs, befindet ein Arzt. Vielleicht sei es auch eine Zyste. Fortgeschrittene Knochenauflösung, sagt er, Gefahr eines Kieferbruchs. Ich sehe einen schlackernden Kiefer in seinem Mund. Schreckliche Schmerzen. Sehe künstliche Ernährung. Krankenhaus, sagt der Arzt. Natürlich sagt er es. Wir versuchen, ihn röntgen zu lassen, was nicht gelingt. Er randaliert und beißt vor Wut fast der Pflegerin in den Arm.

Im Tagebuch steht: Ich möchte ihn mit starken Händen und kaltem Herzen erwürgen. Die Hände könnte man ja trainieren. Aber wo krieg ich das kalte Herz her.

Selbst der Palliativarzt hat nichts Besseres zu tun als dringend einen Krankenhausaufenthalt mit intensiver Diagnostik und eventueller Bestrahlung anzuraten. Ich weigere mich, telefoniere mit anderen Ärzten, recherchiere. Und eines Nachmittags dreht er sich den kranken Zahn heraus.

Erledigt, sagt er.

Der Palliativarzt wird aggressiv: So wie Sie Ihren Mann beschützen wollen, wird das eine Zumutung für andere. Ich werfe ihn hinaus. Hole eine Ärztin, die ich kenne. Die ist gut, sagt er. Und erklärt im nächsten Atemzug, dass er gesund sei und keine Ärzte brauche. Er hat recht. Er weiß genau, wie es ihm geht. Will keine weitere Diagnostik und keine Behandlung. Und mäandert immer mehr von luziden zu verwirrten Momenten.

Wo ist meine Frau, wo ist meine Frau – immer wieder ruft er es. Am Tag und in der Nacht. Wo ist meine Frau.

Er sitzt eben in der Todeszelle, sagt eine Freundin.

Er versucht, den Fernsehapparat mit dem Telefon auszustellen, fährt mitten in der Nacht das Kopfteil seines Bettes so hoch, dass er fast vornüberkippt und nun nicht weiß, wie er es zurückfahren kann. Ich höre ihn wimmern, laufe in sein Zimmer, sehe ihn gekrümmt liegen, kläglich rufen. Ich fahre das Bett in eine fast waagerechte Position, rede, streichle ihn, stehe frierend mit bloßen Füßen neben seinem Bett, lege ihm eine Beruhigungstablette unter die Zunge und mir auch.

Als ich ihm beim Hinausgehen einen Luftkuss schicke und sage, ich küsse dich, atmet er tief: Danke, danke.

Er braucht mich so, die ich doch selbst kaum noch bin.

Am nächsten Morgen ziehe ich mir einen roten Pullover an, weil ich mich so matt und grau fühle.

Es ist furchtbar, sagt er, widerlich, es wird kaputt.
Was wird kaputt, frage ich.
Ich, antwortet er.

Hallo, ruft er, hallo, immer wieder, hallo. Und meint nicht mich. Wen will er erreichen. Hallo, hallo.

Er scheint schwach und verwirrt, doch tief in sich hat er ein Ziel, sein letztes Ziel, den Tod. Und geht seinem Ende mit derselben entschlossenen Willenskraft entgegen, mit der er zuvor versucht hat, gesund zu werden. Er wird immer unruhiger. Kann nicht mehr laufen, die Beine rutschen ihm weg, eine Pflegerin fällt mit ihm hin. Er kann nicht mehr sitzen, nicht mehr zuhören, will keine Worte mehr, keine Informationen, nichts, was das Hirn beschwert? Oder einfach nichts, was ihn ablenkt von seinem Weg?

In den letzten Wochen, sagt einer der Vorleser, hat er oft die Augen zugemacht – und ich wusste nicht, ob er vielleicht einnickte. Ich habe dann einfach weitergelesen, damit er nicht plötzlich aufwacht, wenn ich aufhöre.

Ich sage die Vorleser ab.

Das Leben ist wirklich schwer, sage ich zu ihm, vielleicht zehn Tage vor seinem Tod.

Immer schwerer, antwortet er.

Deshalb suche ich nach Pillen, die es dir erleichtern, sage ich.

Nein, erwidert er, ich bin dagegen.

Willst du das Schwere leben?

Er nickt.

Fast bis zum Schluss mag er Käsekuchen. Aber dann will er nicht mehr essen.

Nie mehr, sagt er, wolle er essen.

Und dann?, frage ich.

Hoffentlich sterben, ruft er verzweifelt.

Nur um drei Tage später zu erklären, dass er weiterleben wolle. Das zerreißt mir das Herz. Du musst nicht leben für mich, sage ich und hoffe, dass ich meine, was ich sage. Ich möchte, dass er sterben kann, und will nicht, dass es passiert, fürchte mich vor dem, was ich mir wünsche. Ich halte das Sterben nicht aus und werde das Leben ohne ihn nicht aushalten.

Und nun wird Ihr armer Mann geplagt mit Ihrer Angst vorm Sterben --- sagt die Palliativärztin. Ich protestiere.

Willst du für dich leben oder für mich, frage ich.

Für mich, sagt er und sitzt mit geschwollenen Beinen gekrümmt in seinem Rollstuhl und schaut mich unter hängenden Lidern mit leicht verdrehten Augen an.

Nur einer Freundin hat er eine Woche vor seinem Tod gesagt: «Ich werde sterben.» Sie hat es mir erzählt – und ja, ich bin in Panik geraten.

Die letzten Tage leidet er. Aua, ruft er, aua, ruft es immer wieder, Tag und Nacht, und ich weiß nicht, was ihn schmerzt. Der Abschied?

Er rutscht auf dem Polster seines Rollstuhls hin und her, will nicht sitzen, kann nicht sitzen, schlägt sich an den Kopf. Aua, aua. Nachts wache ich auf, weil ich ihn rufen höre. Aua. Sitze dann neben seinem Bett. Halte seine Hand. Aua.

Kann man loslassen, ohne vorher gekämpft zu haben? Mal ist er bedürftig, mal aggressiv, dann gleichgültig, weggetreten. Meine Nerven sind wächterlos blank. Die Nieren- und Leberwerte sind miserabel. Die Palliativärztin gibt ihm endlich Morphium. Am nächsten Morgen wacht er noch einmal kurz auf. Die Pflegerin will ihn waschen, will ihm die Zähne putzen, will ihn kämmen, ihn cremen, will den Fußboden wischen, will irgendetwas tun in ihrem Kummer.

Das Sterben ist so heilig wie eine Geburt, sagt die Ärztin.

Er braucht Ruhe, und wir brauchen sie auch. Der Tod versteckt sich nicht mehr. Wir spüren ihn alle. Ich sitze an seinem Bett und singe ihm leise sein Lieblingslied vor.

I'm just a girl who can't say no
I'm in a terrible fix
I always say come on let's go
Just when I oughta say nix.
Other girls are coy and hard to catch
But other girls ain't having any fun
Any time I lose a wrestling match
I have the funny feeling that I've won
I'm just a girl who can't say no …

Wir stellen einen Tisch und Stühle in den Flur vor seinem Zimmer. Sitzen dort, reden, essen, trinken Tee und Wein. Die Enkel spielen. Vielleicht hört der Sterbende uns, lässt sich begleiten vom hiesigen Gemurmel auf seinem Weg hinüber. Als Kind liebte ich es, am Abend im Bett zu liegen und aus dem Nebenzimmer die Erwachsenen reden zu hören. Einzuschlafen in der Geborgenheit der leisen Stimmen.

Ich rufe Freunde an und frage, ob sie sich verabschieden möchten. Sie kommen und bringen Gerichte vom Thai, vom Inder, vom Chinesen. Essen, das er früher so liebte. Ich schmecke nichts. Es wird sein letzter Lebensabend sein.

Ich sitze bei ihm. Mit wenigen Kerzen nur im Zimmer. Sehe im Dunkel der Nacht seinem Sterben zu.

Ameisen kriechen durch meinen Kopf. Gedanken, die wie Ameisen jeden Krümel auflesen auf dem Weg – als müssten sie etwas bauen. Aber was?

Nach seinem Tod am nächsten Tag haben wir ihn gewaschen und angezogen, man hört nur leichte Geräusche von schwappendem Wasser, von Hemdenstoff auf Laken, hört unsere Hände, unseren Atem. Wir haben alle Medikamente weggepackt, die Gummiunterlagen, die Windeln. Er soll nicht in einem Krankenzimmer liegen, sondern in einem Raum voller Schönheit und Ruhe. Ruhe kann man nicht sehen. Aber wir nennen Ruhe schön. Oder kann man Ruhe doch sehen, weil man Ruhe malen kann?

Er liegt in seinem Bett in seinem Zimmer voller Blumen und Leuchter mit Kerzen, mit Bildern von den Kindern und mit den Büchern, die er liebte. Auch die

Intarsien-Bibel seines Vaters hat meine Tochter ihm hingestellt.

Während der nächsten Stunden weicht das Leiden aus seinem Gesicht. Sein Antlitz klärt sich auf, sieht versöhnt aus, gelöst – erlöst? Am Abend schaut er fast amüsiert, mit einem kleinen Schalk um den Mund, als wolle er gleich etwas Spöttisches sagen. Zehn Jahre lang, werde ich in seiner Todesanzeige schreiben, zehn Jahre lang hat er seine Krankheit in Würde gelebt – mit Witz und Wut und Kraft.

Wieder kommen Freunde, um nun dem Toten eine gute Reise zu wünschen. Wir essen Hühnercurry, glaube ich.

Später sitze ich bei ihm. Die Schattengestalten im Raum sind wir. Der Tote und die Frau. Es löst sich die Einsamkeit aus der Nacht und hüllt uns ein. Kein Mond, auf dessen Lichtbahn wir entgleiten könnten.

Am nächsten Morgen ist er gegangen. Man sieht es und kann es doch nicht erklären. Man spürt eine Leere, spürt, dass dort nur noch ein Körper liegt.

Ich glaube, er ist gegangen, sage ich zu meinem achtjährigen Enkel. Der Junge schaut mich erstaunt an und erklärt, er sei längst weg.

Woher weißt du das?

Weil ich es gesehen habe, antwortet er, als hätte ich ihn gefragt, ob die Sonne schon aufgegangen sei.

Als seine Schwester, die bei einer Freundin übernachtet hat, hört, dass er gestorben ist, erklärt sie, da wolle sie jetzt hin. Und so fährt meine Tochter das kleine

Mädchen durch die Stadt zu dem Toten. Den es sich genau anschaut, dann an der Stange vor seinem Bett ein wenig herumturnt und meint, es sei ja traurig, dass ich nun allein sei, aber ich könne sie ja oft besuchen – und auf einmal wirft die Fünfjährige ihre Arme in die Luft und ruft:

So ist das eben, Omama, jeder muss sterben.

Nach zwei Tagen wird er abgeholt. Wird sein Körper aus dem Bett gehoben, in eine Tuchbahn gelegt und eingerollt darin, wird die Treppe hinuntergetragen und im Leichenwagen verstaut. Schau es dir nicht an, sagt eine Freundin. Ich schaue, ich muss es tun, muss bei ihm sein, muss ihn begleiten, ich will es. Ich gehe die Treppen hinunter mit ihm, fünf lange Stockwerke, durch die Haustür, durch die ich ihn so oft gerollt habe, stehe auf der Straße und winke linkisch, als der schwarze Wagen sich entfernt.

Und irgendwie bin ich die Treppen wohl auch wieder hinaufgekommen.

10. KAPITEL

Mein Alleinsein zu Hause

Liebste Freundin,

«WIE KANN ICH weitergehen in den September, und er bleibt im August zurück», fragt ein zutiefst unglücklicher Vater nach dem Tod seines Sohnes in David Grossmans großem Trauergesang ‹Aus der Zeit fallen›.

Man fällt als Zurückgebliebene aus der Zeit, aus dem Leben, das weitergeht, wie man so sagt. Das Leben geht weiter, und es ist ihm ziemlich egal, wo man bleibt als Mensch in diesem Leben, das muss man selbst entscheiden, muss sich fragen, ob man mitgehen kann oder will. Und wohin denn? Und wie bitte geht man hinein in den September oder gar hinein ins nächste Jahr?

Monatelang gehe ich jeden Freitag um 10.47 Uhr, seiner Todesstunde, in sein Zimmer und sitze dort. Es ist mein Ritual, das ich brauche. Immer wieder verabschiede ich mich neu. Monatelang entzünde ich jeden Abend Teelichter an seinem leeren Bett. Immer stehen dort frische Blumen. Vielleicht, weil ich glaube, dass Tote nicht nur unsere Traurigkeit, sondern auch unsere Heiterkeit brauchen für die lange Reise.

Monatelang kommen die Freunde zu mir, weil ich die Wohnung kaum verlassen kann. Wie geht man weg, wenn niemand da ist, zu dem man zurückkommt. Wie schließt man eine Tür hinter sich ab, wenn niemand mehr hinter der Tür auf einen wartet. Wie kann man weg sein, wenn er nicht zu Hause ist.

Du musst jetzt das Drama aus der Wohnung heraus- und dich allein hineinwohnen, – sagt eine Freundin. Vielleicht ein kluger Satz. Aber nicht für mich. Ich will dort sein, wo er war, will ihn dort, wo ich bin. Ich muss bei ihm sein. Kann nicht ins Café oder gar ins Kino, kann keine Ausflüge machen und ihn so lange alleine lassen. Nach jedem kleinen Gang eile ich nach Hause.

Ich kann nicht verreisen. Wie kann man in einen Zug steigen, losfahren, ankommen, in einem Hotel sein Zimmer beziehen, den Koffer auspacken – ohne ihn anrufen zu können, um zu sagen: «Ich bin heil angekommen. Aber mein Zimmer ist abscheulich.» Ich kann nicht mehr zu Hause anrufen. Gibt es dann noch ein Zuhause?

Ich kann nicht einkaufen nur für mich. Eine Handvoll grüne Bohnen, ein Stück Lachs, ein halbes Pfund Kartoffeln, drei Äpfel, ein Brötchen. Ich liebe die Fülle. Ich kann nicht kochen nur für mich – es schmeckt nicht, weil ich lieblos alles in die Pfanne werfe und mich abwende. Und allein essen? Das hat nichts mehr mit Genuss zu tun, sondern ist schiere, nötige Nahrungsaufnahme. Ich kann aber auch nicht im Restaurant sitzen und mit anhören, wie Leute darüber diskutieren, ob sie den Fisch mit oder ohne Meerrettichsoße essen wollen.

Ich kann für eine lange Zeit nicht in einer Runde essen, selbst nicht mit vertrauten Menschen. Da sitzen wir dann um einen runden oder einen eckigen Tisch, essen, trinken, reden. Es gibt Zitronenhuhn mit Reis oder Lammeintopf, dazu einen Salat mit Orangenstückchen und angebratenem Knoblauch mit Rosinen. Es duftet nach Zitrone oder Zimt. Einer der Freunde hat einen guten Rotwein mitgebracht. Eine gelbe Hängelampe, oder vielleicht sind es auch Stehlampen, tauchen die Runde in ein mildes Licht. Ein Sehnsuchtsbild. Würde man von draußen ins Fenster schauen, sähe man Trost, Nähe, Zusammensein, Freundlichkeit. Manchmal leuchtet das Bild und gähnt die Wirklichkeit. Schön war's, murmelt man dann trotzig vor sich hin, wenn man viel zu spät in der Nacht vom runden oder eckigen Tisch aufsteht und nach Hause geht. Ein wenig betrübt, weil man wieder einmal nicht über das geredet hat, worüber man eigentlich reden wollte. Über die Lebens-Zweifel, die Unruhe, die Erinnerungen. Nicht geredet hat über ihn, über den man so gern reden würde, damit er noch ein bisschen dabei ist, noch ein wenig mitlebt. Manchmal fragt man, wisst ihr noch, und die anderen nicken und erzählen weiter von ihrem Schrebergarten oder dem Buch, das sie gerade gelesen oder geschrieben haben.

Geplauder zerfleddert meinen Kopf.

Ich hätte gern erzählt von den Nächten, in denen ich

sorgfältig den sauberen Herd putze, Schubladen aufräume, Kerzenstummel einsammele, Bleistifte spitze, Rechnungen bezahle, Haarbürsten auswasche, Knöpfe nähe an Kopfkissenbezüge, in denen ich hin- und herhatsche auf dem langen Flur der Altbauwohnung, am Küchentisch hocke und E-Mails beantworte. In Margriet de Moors Roman ‹Schlaflose Nacht› geht eine junge Frau mitten in der Nacht in die Küche, greift sich Schüsseln, Mehl, Eier, Butter, den Handmixer – und beginnt zu backen: Herrnhuter Sandküchlein, Apfelkuchen, bretonische Schinkenquiche. Man ahnt beim Lesen, dass diese nächtlich erschaffenen Köstlichkeiten einem großen schwarzen Schlund des Unglücks abgerungen werden. Teig rühren, in flache Scheiben ausrollen, mit Mehl bestäuben, den Ofen vorheizen, durchs Fensterglas schauen, ob die fahle Knetmasse sich schon in goldgelbes Gebäck verwandelt. Die junge Frau hantiert, sie muss die Hände beschäftigen, muss Leckereien riechen, von denen sie offenbar nicht einmal kostet. Die Schlaflose muss backen, um nicht vom Kummer verschlungen zu werden.

Ich kann arbeiten. Konzentration tut mir gut. Dann kann ich vergessen, allein zu sein und zu niemandem zu gehören. Kann vergessen, dass der fehlt, den ich umarmen möchte. Einmal, weil ja außer mir niemand da war, habe ich mich selbst umarmt. Kräftig. Und erst gelacht und dann sehr geweint.

Ist das Einsamkeit? Der verzweifelte Hauthunger.

Nie wieder werde ich ihn spüren, seine Hand auf

mir. Connie Palmen erzählt in ihrem ‹Logbuch eines unbarmherzigen Jahres› von einem Experiment, in dem man Affen fütterte, sie aber daran hinderte, sich an den fütternden Menschen zu klammern, oder man erlaubte ihnen zu klammern, gab ihnen aber nichts zu essen. Sie entschieden sich fürs Klammern. Lieber verhungern als nicht berührt zu werden.

Es gibt natürlich Bücher darüber, wie wichtig Berührung ist, es gibt Haptik-Forschungslabore, in denen untersucht wird, wie Nervenfasern, die gleich unter der Haut liegen, Impulse ins Gehirn transportieren und dort z.B. das Hormon Oxytocin ausschütten, das wir brauchen zum Wohlbefinden. Es gibt Vermutungen, dass Berührungen Schmerzen lindern, Ängste reduzieren und vielleicht sogar gegen Depressionen helfen können.

Wie wär's mit einem Mann?, hat mich ein Therapeut schon vor Jahren gefragt, als der Kranke noch lebte.

Auch das noch, sage ich, noch ein Problem mehr.

Er guckt beleidigt. Er ist ein Mann.

Es gibt auch nette Männer, sagt er.

Ach ja? Kennen Sie welche?

Er greift das Thema nicht wieder auf. Und ist inzwischen selbst auch schon tot.

Es fehlt der zweite Atem, es fehlt die Sorge um ihn, es fehlt die Nähe. Er fehlt. Da ist keiner, der lächelt, wenn er mich am Morgen sieht, keiner, der den Arm nach mir ausstreckt, meine Hand nimmt und sie küsst, keiner, der mit mir lacht – einfach nur so, weil man zusammengehört. Es gibt niemanden, der mir zuhört. Ich muss alles mit mir besprechen. Auch meine Traurigkeit erzähle ich mir selbst.

Das Du bin ich.

Mir fehlt die aufgezwungene Rolle, die unentrinnbare Struktur. Jetzt sind da leere Tage voller Möglichkeiten. Wie habe ich mich danach gesehnt. Und wie fremd sind sie mir jetzt. Als solle ich über schneeglatte Hänge vom Berg ins Tal stürzen und weiß noch nicht einmal, wie man sich Skier anschnallt. Das mit der Freiheit muss ich mir erst noch erklären.

Ach, sagen manche, sein Tod muss doch eine große Erleichterung sein nach all den schweren Jahren. Sie mögen ja recht haben, aber es stimmt einfach nicht. Trauer ist nicht rational, nicht berechenbar, sie ist elementar, ungestüm, ist eine schwere Pranke, die sich auf einen legt und das Ich zerdrückt. In den Nächten frisst sie sich in den Körper, der zittert und rebelliert. So ähnlich stelle ich mir Entzug vor. Allein in der Leere.

Als er noch lebte, bedurfte er meiner. Jetzt bedarf ich seiner. Um in den Blick genommen zu werden. Um gesehen zu werden. Niemand schaut mich an und sieht mich. Jetzt muss ich mich selbst ansehen, mich sehen, um mich meines Seins zu vergewissern. Du bist schön, hat er oft gesagt. Soll ich mir das jetzt selbst sagen. Hinein in den Spiegel, aus dem mich eine bleiche, alte Frau anschaut? Meine Augen sehen eine andere als die, die er sah.

Es beunruhigt mich, nicht zu wissen, wie es ihm geht. Ich weiß auch nicht, wie es mir geht, weiß ja nicht einmal, wer ich jetzt bin. Ein zerfasertes Ich ohne Sicherheitsnetz. Ich werde nicht gebraucht, habe keine Funktion, keine Rolle. Ich mache keinen Sinn. Ich bin Hinterbliebene. Irgendwie zurückgelassen, übriggeblieben. Als habe der Tod einfach vergessen, auch mich mitzunehmen. Das Bleiben will gelernt sein. Es ist ein Hohlraum, ohne Ortsschild oder Wegweiser. Wie sich darin orientieren, wie eine Richtung finden, einen Halt?

Trauern Sie aktiv, fragt mich ein Mann.

Hast du dich schon neu sortiert, fragt ein anderer.

Manche fragen: Wie geht es dir?

Was soll ich darauf antworten?

Am tröstlichsten ist es, wenn jemand einfach nur sagt: Schön, dass Sie da sind.

Oder wenn mein Enkel lakonisch feststellt, dass ich nun schon zum siebten Mal am Nachmittag Tränen in den Augen hätte.

Mir fehlen Rituale der Trauer. Und so erfinde ich Gesten, kleine Zeichen für ihn und für mich. Als könne ich so die Verbindung lebendig halten zwischen uns.

Ich kaufe bei der Friedhofsgärtnerin lachsfarbene Rosen, stecke einige auf sein Grab und nehme die anderen mit nach Hause, wo ich sie in eine Vase stelle. Dann haben wir die gleichen Blumen. Er auf dem Friedhof. Ich in der Wohnung. Auch meinen Honig kaufe ich bei der FriedhofsFrau. Könnte ja sein, dass er von Bienen stammt, die auch auf seinem Grab Nektar und Pollen gesammelt haben. Im Herbst stecke ich viele Beerenzweige auf sein Grab – Hagebutten, Mispeln, Feuerdorn, Zieräpfel, Vogelbeeren und Ilex. Sie sehen schön aus und schmecken den Tieren. Dann stelle ich mir vor, wie Spatzen, Krähen, Amseln, Elstern und Rehe zu ihm kommen, sich versammeln bei ihm, um gut zu speisen. Vielleicht nicken sie ihm ja zu, wenn sie knabbern. Ist das Gefühlskitsch? Dann bin ich gern kitschig.

Jeden Tag schaue ich in meinem Telefon nach dem Wetter bei ihm auf dem Friedhof. Bevor ich zu seinem Grab gehe, pudere ich mir im Auto die Nase, ziehe die Augenbrauen nach, male die Lippen an. Und ein paar Tupfer Parfüm. Er liebte den Duft.

An seinem ersten Todestag habe ich seine Vorleser zum Essen eingeladen und sie gebeten, einen Stein für sein Grab mitzubringen. Ich möchte dort einen Steinhaufen schichten. Sie erzählen, warum sie diesen Stein mitgebracht, wo sie ihn gefunden haben, was sie an ihm mögen. Einige der Steine sind jetzt bei ihm, einige liegen bei mir im Eingang. So stelle ich wieder eine dingliche Verbindung her zwischen der Wohnung und dem Grab, zwischen ihm und mir. Von jeder kleinen Reise bringe ich ihm einen Stein mit. Und manchmal auch mir.

Eine befreundete Witwe telefoniert täglich mit ihrem toten Mann, nimmt den Hörer und spricht hinein. Eine andere zankt mit dem Toten. Und betrügt ihn. So nennt sie es. Gleich nach seinem Tod ist sie wütend mit einem anderen ins Bett gegangen. Eine träumt, dass die Enkelkinder jetzt in seinem Bett schlafen und gar kein Platz mehr ist für ihn. Sie wacht mit einem schlechten Gewissen auf.

Manchmal suche ich nach Zeichen. Gibt es ihn noch? Sterben, sagen die Buddhisten, ist die Trennung von Geist und Körper. Wo ist sein Geist? Hat er seine Ruhe gefunden? Wacht er über mich? Ist er mein Schutzengel? Ich beneide Menschen, die sich ganz sicher sind, ihre Liebsten im Himmel wiederzutreffen. Dieser wunderbar unschuldige Blick auf das Danach.

Neulich am Grab hat er sich neben mich gestellt, hat den Arm um mich gelegt, und wir haben geredet über diesen Mann, der dort unten in seinem Sarg liegt. Aber er hat mir nichts erzählt über den Moment des Todes. In dem Roman ‹Satin Island› von Tom McCarthy erklärt Petr, der an Schilddrüsenkrebs stirbt, schlimm am Sterben sei, dass man den Tod niemandem erzählen könne. Es sei das Einzige, das man nicht erzählen könne. Die Angst kenne ich. Denn fast alles, was ich erlebe, formuliere ich, während es geschieht, um es hinterher erzählen zu können. Sei es der herbstliche Waldspaziergang auf raschelndem Laub, seien es die imposant muskulösen Unterarme, mit denen der knackige Busfahrer seinen Wagen lenkt, sei es das Gespräch mit dem Freund, der darüber nachdenkt, worin wohl der Sinn liege, so alt zu werden wie er. Vielleicht, sagt er, bin ich noch nicht der, der ich bin, vielleicht muss ich es noch werden. Und nun wird mir das Geschenk des hohen Alters gemacht, um mich noch einmal dieses Auftrags zu erinnern.

Schlingensief, der so jung starb, hat gesagt: Ich kann nicht sterben, bevor ich weiß, warum ich lebe.

Als er noch lebte, wusste ich, warum ich lebte. Ich musste über den Sinn nicht nachdenken, weil ich eine unabweisbare Aufgabe hatte. Jetzt habe ich weder ihn, noch habe ich mich. Ausgerechnet in dem Moment, in dem es kein Wir mehr gibt, verschwindet auch das Ich. Man ist nicht länger, wer man war, und ist noch nicht, wer man sein könnte, vielleicht sein wird. Man ist nicht. Und weiß nicht, wie man sein kann ohne Wir und ohne Ich. Der Boden unter den Füßen schwankt. Kein Fundament, auf dem man solide stehen, und kein Fliegender Teppich, auf den man sich schwingen und davonfliegen könnte. Ein neues Ich muss gefunden und das IchSein geübt werden. Wenn Menschen sagen, sie hätten das arme Tier, dann ist das Tier nicht arm, sondern unersättlich. Es schlingt unsere Lebendigkeit in sich hinein. Die muss man sich zurückholen. Trauer ist Arbeit. Trauer ist Gefühlsverwirrung. Wie findet, wie erfindet man ein neues Ich, wie lebt man, wie gestaltet man es.

Der Tod ist ein Schock, sagen Neurologen, der den Hirnstamm, das limbische System und den Neokortex angreift. Daher reagieren viele mit Verdrängung oder mit Aggression, was ein urzeitlicher Verteidigungsmechanismus gegen die Erschütterung sei. Manche erstarren. Werden zu Marionetten, die Trauer tragen. Gelähmt, gefangen.

Manchmal laufe auch ich wie eine aufgezogene Marschierpuppe durch die Tage – akkurat, organisiert, effizient. Tasche, Brille, Einkaufsliste, alles an seinem Platz, Termine im Kopf, der Tag getaktet. Ich funktioniere, aber ich bin nicht in der, die da funktioniert. Oft bin ich brüsk, unwillig, mag keine Menschen um mich, weil zu viele Rollenwechsel zu viel Kraft kosten. Dann belle ich wie ein Straßenköter.

Als ich die Rollstuhl-Rampen in der Wohnung abbauen lasse, fühlt sich das an wie Verrat. Als hinderte ich ihn nun endgültig daran, hier mit mir zu sein, als sperrte ich ihn aus, markierte mein Terrain wie ein Hund, um den Toten zu vertreiben.

Ich bin unruhig, unsicher und habe das Gefühl, noch gar nicht angekommen zu sein in der Trauer. Als müsse man erst hineinwachsen in sie. Als sei sie noch zu groß und schlottere um einen herum wie ein zu weites Kleid. Und tatsächlich kommt erst nach langer Zeit, wenn man aus der Ohnmacht des Schreckens erwacht, der wirkliche, der tiefe Schmerz. Erst dann begreift man, was es bedeutet, jemanden verloren zu haben, verloren zu sein, erst dann lichtet sich der Nebel, der den Blick und die Gefühle zuvor trüb verschleiert hat, erst dann werden die Konturen sichtbar, und man sieht sich in kühler Klarheit als Person in Frage gestellt. Erst dann beginnen die Nerven ganz tief zu beben. Aber auch erst dann kann man die Zärtlichkeit in der Trauer empfinden. Den Lebenswillen des Schmerzes.

Wein doch nicht, sagen viele begütigend, wenn sie nicht wissen, wie sie umgehen sollen mit meinen Tränen. Sie erwarten zu ihrer Beruhigung meine Contenance. Ich aber will den Schmerz, will seine Lebendigkeit und meine Empfindlichkeit, will verletzlich bleiben, stark und zart. Auf keinen Fall möchte ich ihn dämpfen und stumpf erstarren. Connie Palmen spricht von der

«Sinnlichkeit des Kummers». Nach all der Angst und all den Bedrängnissen der letzten Jahre sind nun Schmerz und Traurigkeit verlockend sanfte, weiche Gefühle, sind schöne, wachsame Verunsicherung.

«Ich hoffe», steht in meinem Tagebuch, «im Schmerz eine innere Ruhe zu finden.» Ist das der gläserne Kern der Trauer?

Eine Nachbarin hat mir einmal erzählt, dass sie manchmal Menschen auf der Straße nachgehe und ihren Gang nachmache. Dann ahne ich, sagt sie, wie sie sich fühlen, die kleinen stampfenden Männer, die energischen Frauen mit den schwingenden Röcken und die Mädchen im Minikleid mit den «fuck me shoes» an ihren jungen Füßen.

Ich habe mich nicht getraut, die Nachbarin zu bitten, doch mal in meinen Gang zu fallen und mir zu sagen, wie ich mich fühle.

Ich versuche, mich selbst zu beobachten: Immer noch diese Unruhe, die Ohren, in denen es tost, der Kopf, in dem eine Waschmaschine schweres Wasser wälzt, die müden Glieder, die sich widerstrebend durch den Tag schleppen lassen. Manchmal schlurft diese Frau mit dem unbestimmten Ich jetzt durch die Straßen, schaut beim Gehen nach unten. Wie ein Kind, das denkt, wenn es die anderen nicht sieht, wird es auch selbst nicht gesehen. Als ob sie schon jetzt verschwinden wolle im Getöse des Lebens der anderen. Dann erinnert sie sich an die alten Frauen auf dem südfranzösischen Markt, wie sie geschmeidig schlendern, wie sie dort selbstverständlich gehen in ihren eigenen Körpern. Sie sind geschminkt, beringt, tragen laute Farben, wilden Schmuck, luftige Blusen. Welke Arme nur von einem Hauch von Stoff bedeckt. Frauen, die gewiss die Nähe des Todes kennen und sich ihm in höchst lebendiger Pracht präsentieren. Sie staunt und denkt neu nach über ein Ich für sich.

In der Nacht sind es nicht die sirrend attackierenden Mücken, die den Schlaf vertrieben haben. Wütend hat sie sich jedes Mal ins Gesicht geschlagen, wenn einer der kleinen Blutsauger sich auf der Wange, der Braue niedergelassen hat. Nach der Mücke kommen die rattengrauen Gedanken. Kommen die gänzlich nutzlosen Fragen – was wäre gewesen, wenn …

Dann wandert der Schlaf ohne sie in die Nacht. Es ist ja nicht nur ihre Traurigkeit über seinen Tod, sondern auch seine Traurigkeit über sein Leben mit der Krankheit und auch das Weh über all die verpassten Jahre davor. Denn nicht immer gelingt es, sich einzunisten im guten Schmerz der Traurigkeit, weil so viele ungute Erinnerungen an ungute Zeiten auftauchen. Weil sie wütend ist auf ihn, weil er war, wie er war, und wütend, weil er jetzt nicht mehr ist.

Seien Sie freundlich mit sich, sagen Hirnforscher, dann produziert das Gehirn Dopamin und Serotonin – und Sie fühlen sich besser. Darf man auch freundlich sein zum Selbstmitleid? Um ihn zu trauern, heißt ja auch, mein Alleinsein zu beklagen. Ich habe noch nie allein gelebt. In meinem ganzen langen Leben noch nicht.

Warum ist Selbstmitleid ein gesellschaftliches Tabu, das man so gern mit leichter Verachtung konstatiert. Ich will es. Ich brauche es. Ich bestehe darauf. Ich werde es lernen, Mitleid mit mir selbst zu haben.

Mitgefühl für sich, Zärtlichkeit. Sind das die aufgetauten Gestalten aus dem Gefrierfach, die nun auch mal geschmeidig tanzen wollen?

Das Gefühlseis schmilzt. Statt Geschmeidigkeit: zwei Bandscheibenvorfälle. Ein eingeklemmter Nerv.

Wie akzeptieren, dass nicht er, sondern dass ich brauche. Bisher war meine Bedürftigkeit durch ihn legitimiert. Ich war die Frau des Kranken. Jetzt, da er tot ist, und ich frei bin, muss ich zugeben: Ich brauche, weil ich allein und weil ich traurig und weil ich schwach bin.

Du, liebste Freundin, hast schon gekocht für mich in Zeiten, in denen Du gar keine Zeit hattest. Kann ich kurz kommen, hatte ich wohl ziemlich kläglich ins Telefon gerufen. Immer, hast Du gesagt – weil Du wusstest, welch Riesensprünge über Riesenschatten ich machen musste, um das zu fragen.

Ich kenne eine Frau, die alles, was sie macht, wunderschön findet. Ob sie eine E-Mail schreibt oder ein Gedicht, ob sie ein Bild malt, ihren Garten anlegt oder ein Essen kocht. Ich beneide sie um die Kraft ihres Glaubens an sich.

Jetzt musst du dich durchbeißen, sagt ein Freund, wie man so sagt, wenn das Leben trocken wird und hart wie altes Brot. Ich hätte es lieber saftig.

Ich glaube, es war Janet Frame, die einmal gesagt hat,

vergangene Zeit sei keine verschwundene Zeit, sondern angesammelte. Wenn die Vergangenheit weiter in mir west, dann tun es auch die ehemaligen Spielarten meines Ich. Und begleiten mich durch den Tag. Das zarte, kranke Kind, die verstörte junge Frau, die verunsicherte Mutter, die Frau mit Männerlust und Arbeitswut und auch die, die ich zehn Jahre lang war – die Frau an seiner kranken Seite. Wenn ich sie alle in mir habe, spüre ich ein Gedrängel. Also bitte ich sie zur Ruhe, damit ich mit jeder einzeln reden kann. Ich glaube, das wird ein sehr langes Gespräch. Vielleicht liegen wir dann ja versöhnt auf dem Totenbett. Und können uns lächelnd verabschieden von dem Leben, das wir gemeinsam ertragen, begehrt, gefeiert und vollendet haben.

Seit Wochen laufe ich an dem Schaufenster einer Galerie vorbei, in dem Barbie-Puppen in einen Mixer gestopft sind. Eine Drehung am Knopf und sie wären alle zerfetzt; Finger, Füße, Teile von Armen und Beinen spritzten durch den Behälter. Seit Wochen finde ich diese Installation obszön. Morgen werde ich hineingehen und nach dem Sinn des Kunstwerks fragen.

Warum erst morgen? Als ob die Zerbrechlichkeit des Lebens nicht jeden Tag wohnte in mir.

Der Mensch in seiner Fragilität. Kaum einer hat das so eingefangen wie der Bildhauer Alberto Giacometti. Ich liebe seine langen, dünnen Figuren, zerbrechlich, wie von zuckenden Fingern modelliert. Da ist nichts gerundet, abgeschliffen oder poliert. Es sind poröse, zerfurchte Menschengebilde, die ein wenig verloren auf kleinen Sockeln in der Leere des Lebens herumstehen. Figuren, die man nicht nur besehen, sondern auch betasten möchte, den Händen des Künstlers nachspürend, ihre Entstehung im wahrsten Sinne des Wortes be-greifend. Giacometti, der immer nach dem suchte, was er zeigen wollte und – wie er fand – nicht zu zeigen vermochte, schrieb: «Tastend suche ich im Leeren den weißen Faden des Wunderbaren zu erhaschen, der zitternd schwingt, und von dem die Träume mit dem Geräusch eines Baches entschwirren, der über kostbare, lebende Kiesel fließt.»

Trauer hat auch mit Mut zu tun. Tastend im Leeren den weißen Faden zu suchen. Die Transformation zu wagen, den Wechsel von einem Zustand in den anderen. Trauer ist nicht nur Abschied, sondern auch Aufbruch und Abenteuer. Das Leben muss rückwärts verstanden – aber vorwärts gelebt werden, heißt es bei Kierkegaard.

Jeden Ort von früher gilt es sich neu zu erobern. Allein zu sein, wo ich mit ihm war, allein zu sein in der Zeit, zu sitzen, zu schauen, zu hören. Am Esstisch, im Park, auf seiner Lieblingsbank, in seinem Lieblingsblick, in der Nacht, im Frühling, im Klaviersalon. Auch den Morgen muss man bezwingen, den vor allem. Die Geborgenheit des Schlafs verlassen, sich der unbarmherzigen Helligkeit stellen, die sich aus der Nacht schält. In die muss man hinein. Allein. Ich mag sie nicht, die Stunde zwischen Schlaf und Tag. Die Aussicht auf immer die gleiche Morgengymnastik, die Dusche, das Frühstück, die Zeitung, ein Telefonat oder auch drei, Mails, Alltagsverwaltung, Bücher, Spaziergänge. Ich will Schneisen mähen ins vorhersehbare Einerlei. Ich kaufe mir einen Strauß wuchernder Wicken oder YvesKlein-blauer-Anemonen. Dann sind die Blumen der erste Satz, den ich in den Tag schreibe, damit er nicht weiter vor mir liege wie ein weißes Blatt Papier, das mit spürbarer Ungeduld darauf wartet, gefüllt zu werden.

Immer muss man sich etwas trauen, sich etwas zutrauen. Muss sich glauben, alleine wohnen zu können, muss sich erlauben, Schönheit für sich zu schaffen. Das ist nicht immer nur tröstend. Es tut auch weh. Weil man ja Schönheit noch dringlicher teilen möchte als Gram. Ich übe. Übe auch, es mir gutgehen zu lassen. Wie Max Frisch es probiert hat: «Nicht ohne eine gewisse Entschlossenheit beginne ich, mich zu verwöhnen.»

«Und so geht das Leben dahin», steht in meinem Tagebuch, «immer wieder schön gefüllt und manchmal leer glotzend.» Immer wieder schaue ich am Abend Fotos auf meinem Telefon an. Ha, da ist mein Leben, ich hab ja eins.

Am zweiten Geburtstagsmorgen, den ich allein verbringe, setzt sich meine alte Gefährtin, die Verlassenheitsangst, nicht mit mir an den Frühstückstisch. Ich kann mir kaum glauben, dass ich nicht leide.

Und eines Tages lodert auf einmal eine kleine Glücksflamme in mir. Es ist früh am Morgen. Ich habe mir einen Tee gemacht. Draußen ist die Stadt noch still, drinnen spüre ich die Sommerwärme des alten Dielenbodens unter den Füßen. Es ist ein Moment, der stimmt, der passt, der wie angegossen sitzt auf der Haut. Und die Freude wiederholt sich. Ich sitze auf einem Stuhl in meiner Wohnung und folge den Sonnenstrahlen auf der Wand, die dort Schattenbilder malen. Ich sitze und schaue und denke: Sieh mal an, es geht. Oder ich liege auf meinem Tagbett, vertieft in ein Buch, geschnittene Apfelscheiben in einer kleinen marokkanischen Schüssel neben mir und muss auf einmal innehalten mit dem Lesen, weil sich der Moment so – ja, so richtig anfühlt.

Es gibt ein kluges kleines Buch von dem englischen Soziologen Daniel Miller über die Kümmernisse des Lebens und den ‹Trost der Dinge›. Miller fragt hier nach der Rolle, «die alltägliche Objekte für unser Verhältnis zu uns selbst und unseren Beziehungen zu anderen Menschen spielen».

Eine Freundin erzählt einmal von einem Mann, der eine Verabredung mit ihr abgesagt hat, weil ein lange bestelltes, «heiß ersehntes» Sofa an dem Nachmittag geliefert werden sollte. So leidenschaftlich, sagt sie, hat er noch nie von jemandem gesprochen wie von diesem Sofa.

Während ich Dir schreibe, wehen neben mir zarte Gräser kupferfarben in der Nachmittagssonne. Und ein kleines Glockenspiel singt im Wind.

Schön, hätte er gesagt, schön.

Und langsam beginne ich, ihn wieder zu spüren: den Trost der Schönheit. Weil ich Schönheit wieder wahrnehme. Man kann etwas monatelang angeschaut und nicht gesehen haben. Bis auf einmal eine Reaktion da ist, eine kleine Glut, ein sanftes Erwachen.

Wie oft habe ich ihm die Privilegien, die Schönheiten, die Freude aufgezählt, die wir trotz allem hatten. Genießen, was genießbar ist, habe ich wie eine Litanei in die Räume gerufen, in denen wir waren. Manchmal hat er gelächelt, fühlte sich gewärmt, aufgehoben in meinen Worten. Dann wieder dieser Blick – begütigend und wund zugleich: Nett, dein Versuch, du Ahnungslose. Ein freundlicher, unbewohnter Blick. Verzeih, hätte ich nuscheln sollen. Und habe es nicht getan. Bitte, habe ich stattdessen gesagt. Habe selbst um Hilfe gerufen.

Die Toten sterben in uns hinein, heißt es irgendwo bei Rilke. Es dauert, bis man begriffen hat, dass sie gegangen, und bis man bemerkt, dass sie nun in einem sind. Und so habe ich ihm eines Tages erklärt, dass ich nun nicht länger bei ihm in der Vergangenheit bleibe, bei ihm und seiner Krankheit, sondern ihn mitnehme in mein Leben. Jetzt möge er bitte mit mir kommen. In die Stadt, ins Kino, zum Kaffeetrinken, zum Fahrradfahren.

Und bitte vergiss meinen Geburtstag nicht.

Jetzt bist du in mir.

Und ich bin nicht mehr die Frau mit dem kranken Mann. Und auch nicht mehr die frische Witwe.

Und nun?, simse ich einer Freundin.

Rock 'n' Roll, kommt es prompt zurück.

Jetzt ein bisschen Altersrock? Warum eigentlich nicht? Sie sind ja noch da, die Lust und die Neugier, warum sich nicht erlauben zu träumen, Grenzen auszulachen, Ideen zu spinnen, bis sie ein Netz werden, in dem sich vielleicht Mitstreiter fangen lassen. Ich wollte schon immer eine heitere Alte werden. Weil Heiterkeit die Melancholie nicht fortjagt, sondern sie liebevoll annimmt, sie aufnimmt in sich. Weil sie leicht bitter schmeckt nach Schattenwelt, weil sie weiß um lauernde Lebensbeschädigungen und trotzdem grinst. Lustigkeit ist Ablenkung, Heiterkeit ist Trost. Und wer braucht keinen Trost! In der wunderbaren Serie ‹After Life› sagt eine Frau über einen trauernden Witwer, sie habe noch nie einen so traurigen Mann gesehen – und er bringe sie immer zum Lachen.

Rock 'n' Roll? Warum soll ich mir nicht ein Rendezvous mit der Sehnsucht erlauben. Bitte kommen Sie doch zum Tee – oder was sagt man zu ihr? Siezt man sie, oder wählt man doch lieber das vertrauliche Du? Wenn man aus Hamburg kommt, nennt man sich beim Vornamen und sagt Sie. Und wenn es keinen Vornamen gibt? Was tun, wenn sie winkt aus der Ferne? Hinfliegen? Natürlich, die Arme ausstrecken, und schon ist man dort. Der Weg ist ja so kurz. Obgleich sie manchmal im Mond sitzt oder in einer Wolke. Und dann wieder im Lied der Amsel auf meinem Balkon.

Ich möchte, dass die Sehnsucht bleibt, dass sie unbestimmt bleibt und mich mit diesem schönen Gefühl unbekannter Möglichkeiten erfüllt. Was alles sein könnte. Denn unsere Lebendigkeit liegt in der Sehnsucht. Sie macht uns aus. Macht uns geschmeidig, zärtlich, erfinderisch, sie regt unsere Phantasie an, in ihr träumen wir.

Sehnsucht darf alles. Darf auch verwerflich lodern. «Die Sehnsucht ist es, die uns're Seele nährt und nicht die Erfüllung», schreibt Arthur Schnitzler.

Früher allerdings habe ich mir die eine oder andere Sehnsucht erfüllt. Einmal zum Beispiel sah ich das Foto eines Mannes in der Zeitung und wusste: Den will ich. Und habe einiges angestellt, um ihn kennenzulernen. Es hat geklappt. Mit zitternden Gliedern hinein in die Liebschaft und mit zyklopischem Zähneklappern wieder raus.

«Mut heißt auch, Frieden mit der Ungewissheit unseres Daseins zu schließen.» Den Satz habe ich notiert und weiß nicht, woher er kommt. Je älter ich werde, desto weniger kenne ich das Gefühl der Gewissheit. Außer der des Todes. Aber immer wieder baue ich mir Strukturen und glaube offenbar, sie seien sicher. Das nackte Ich sucht Halt. Fürchtet sich vor der Haltlosigkeit des Ungefähren. Statt genau darin eine Chance zu sehen, wach und gespannt von Tag zu Tag zu gehen und Neues zu entdecken und zu leben. Der fulminante kanadische Schriftsteller holländisch-tamilisch-singhalesischer Abstammung, Michael Ondaatje, weiß nie, was in seinen Romanen passieren wird, wenn er anfängt zu schreiben. Er wolle sich doch nicht langweilen, sagt er, sondern herausfinden, mit wem er es da zu tun kriege. Und so gesellen sich immer mehr Menschen zu ihm, und er ist neugierig auf sie und darauf, wie sich ihr Leben und Innenleben entfalten werden. Vielleicht könnte man genau so leben, wie er schreibt – es jedenfalls versuchen. Losleben und bereit sein.

Und wenn irgendwann der Aufbruch kein Möglichkeitsgefühl mehr ist, sondern gerade noch ein fahles Winken aus großer Ferne? Wenn der Zeitfaden immer kürzer wird? Der Tod des anderen macht es unmöglich, die eigene Vergänglichkeit zu ignorieren. Und zugleich will ich nach seinem Tod für eine Weile von der eigenen Vergänglichkeit nichts wissen. Ich lebe. Ich will leben. Jetzt bin ich dran. Was, wenn ich vor meinem Sterben und meinem Tod nicht genug gelebt habe? Aber wann bitte hat man genug gelebt?

Wird es genug gewesen sein, achtundneunzig Zikaden gehört zu haben oder dreihundertzweiundwanzig? Wird es genug gewesen sein, einhundertsiebzigmal am Meer gesessen, siebenhundertvierundfünfzigmal mit Freunden gegessen zu haben. Den Highway Number One bin ich nur ein Mal gefahren. Ich war noch nie in Südamerika, kenne Stockholm und auch Sydney nicht. Ich habe noch nie in einem Film mitgespielt. Ich war, soweit ich weiß, noch nie ein Schmetterling. Ich habe noch nie Zeit in einem Schweigekloster zugebracht. Ich habe Albert Vigoleis Thelen kennengelernt, aber nicht Patrick Leigh Fermor und nicht einmal Paul Auster. Was muss ich noch tun, damit es genügt?

Ich habe mich sattgelebt, sagt eine Freundin kurz nach ihrem neunzigsten Geburtstag, und lebe jetzt richtig gern.

Vielleicht ist es leichter, gern zu leben, wenn man Krisen gelebt hat, wenn man sich erlebt hat in der Herausforderung und im Danach – wenn die Kraft wiederkommt und auch die Lust, wenn eine Wehmut bleibt und eine Zärtlichkeit, eine auch ängstliche Wahrnehmung für die Verletzbarkeit von uns Menschen.

Gerade wieder muss ich an eine kleine Geschichte denken – ich glaube Barbara Gowdy hat sie geschrieben –, die mich über die Jahre immer wieder begleitet hat. Sie erzählt von einem indischen Arbeitselefanten, der Telefonmasten in vorgegrabene Löcher hebt, einen nach dem anderen. Plötzlich aber weigert er sich, den Mast ins nächste Loch zu setzen. Sein Mahud schreit ihn an, schlägt ihn. Doch der Elefant bleibt stur. Rührt sich nicht. Bis jemand entdeckt, dass sich dort ein kleiner Hund versteckt hat. Kaum haben sie das Tier herausgeholt, setzt der mitleidige Elefant seinen Mast folgsam in das Erdloch.

Wir brauchen Geschichten, um zu leben. Wir brauchen Geschichten, um das Leben zu verstehen.

Erzähl es, hast Du gesagt. Und so habe ich aufgeschrieben, was das trügerische Gedächtnis mir zugespielt hat. Auf dem Feld zwischen Wahrheit und Dichtung können viele Bälle hin- und hergeworfen werden. Es geht nicht ums Zielen, es gibt kein Tor, in das ich Sätze schießen und Hurra schreien könnte.

Ob alles so war, liebste Freundin, wie ich es Dir erzählte? Die Frage kann ich nur mit Karl Ove Knausgård beantworten: «Es war vielleicht nicht wahr, was ich geschrieben habe, aber es war ehrlich.»

Wir haben das große Trotzdem gelebt. Es jedenfalls

versucht. In all seiner Schärfe und Zartheit. In all seinen Irrungen, all seiner Heiterkeit. Manchmal fühlten wir uns vom Leben ausgetrickst.

Sonst wäre es ja kein großes Trotzdem gewesen.

Und jetzt?

Heute werde ich von der Sonne getrocknete Laken von der Leine nehmen und sie bedächtig zusammenfalten. Werde dem Efeu zuschauen, der sich wie ein Keuschheitsgürtel um die nackte Sandsteinfrau rankt, werde den Vögeln zuhören und dem Wind in den Zweigen der großen Platane. Ich werde still auf meiner kleinen Steinbank sitzen und die Wolken begleiten und mit ihnen die eigenen Gedanken und sie ziehen lassen, werde gemächlich durch den Tag hatschen, mit der Nachbarin plaudern im Nachmittagslicht, wichtige Nichtigkeiten austauschen, dem Froschkonzert am Abend lauschen unter einem gelben Mond; ruhig den Rotwein im Glas schwenken, ihm zuprosten, vielleicht werden Du und ich telefonieren – und ich werde für einen Tag oder jedenfalls für einen Moment in diesem Tag so weise sein, nichts anderes zu wollen als genau das, was gerade ist.

P.S.: Das muss ich Dir noch erzählen: Letzte Nacht habe ich geträumt, ich sei ein Geburtstagskuchen in G-Dur. Und als am Morgen die Amsel kam, um auf dem Balkon, auf dem ich saß mit meinem Tee, Wasser aus der flachen Schale zu trinken, die ich ihr und den anderen hingestellt hatte, habe ich ihr ein Lied vorgesungen. Und dann noch eins. Sie war offensichtlich verblüfft, vielleicht sogar konsterniert. Geantwortet hat sie jedenfalls nicht.

Danksagung

Es gibt so vielen Menschen zu danken für all die Zeit und Nähe und Lebendigkeit, die sie uns in den hier erzählten zehn Jahren geschenkt haben. Gedankt sei der sehr präsenten Pflegerin, die den Alltag für uns so viel leichter machte.

Und mein Dank gilt natürlich all jenen, die jetzt geholfen haben, aus dem Manuskript ein Buch werden zu lassen.

Das war zuallererst meine Agentin Barbara Wenner, die mit so dezenter wie unmissverständlicher Klarheit meine Strukturschwächen freundlich bloßlegte.

Der Dank gilt meinen so kritischen wie ermutigenden ErstLeserinnen Verena von Hatzfeldt und Christiane Grefe.

Und – last not least – meiner Lektorin Ricarda Saul vom Rowohlt Verlag, die so herrlich engagiert und klug die Buchwerdung begleitete.

Vor allem aber danke ich ihm. Dass er mich diese Jahre «literarisch einpökeln» ließ, wie sein Lieblingsautor Albert Vigoleis Thelen es genannt hätte.

Inhalt

Weitere Titel